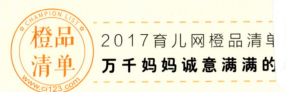

2017育儿网橙品清单
万千妈妈诚意满满的

3rd

聪明妈妈
消费指南

www.ci123.com 主编

推荐序(一)

当你翻开这本书，我想你一定和很多准妈妈和新妈妈一样，常常在选择母婴用品时犯上选择困难症，又常常在网上搜索口碑参考时，懊恼地发现网络充斥着各种显性隐性干预。3 年前我们开始出第一本《橙品清单：聪明妈妈消费指南》，正是发现有太多妈妈迫切需要经验妈妈的口碑参考和专家的专业指导，而母婴用品更新迭代快，新品层出不穷，这也激励着我们以每年一本的更新速度，将最新最靠谱的内容及时给到妈妈们。我们只有简单的目的，我们的书，妈妈能参考着给自己的宝贝使用，爸爸照着买回家不挨骂，这就可以了。

本书收录了"2017 育儿网橙品清单妈妈口碑之选"中由 100% 真实妈妈推荐选出的母婴用品好货，汇集了万千妈妈的真实口碑推荐，并联合知名专家和资深母婴编辑为妈妈做用品选购与使用的专业指导，只为给妈妈们提供真实可靠的母婴用品消费指南。育儿网在 2015 年香港 IPO 上市后，更坚定做"真实 · 专业 · 中立"的母婴媒体，育儿网橙品清单妈妈口碑之选是母婴行业唯一奉行"无电商、无水军、无干预、真实用户、真实口碑"的母婴用品评选，今年是第 3 届了。我们不吹生态，不喊口号，不凑热闹，过程中虽有阻力，但我们始终坚定地站在妈妈们这一边，才换来这本书在每年年初与妈妈们的见面，不负妈妈们的信任和支持。

母婴用品瞬息万变、新品迭出，但在《橙品清单：聪明妈妈消费指南》上，你随时能找到最新最适合自己和宝宝的用品。我们相信品质的力量，也相信妈妈们可以看到我们的真诚。

育儿网联合创始人兼CEO 程力

推荐序(二)

　　育儿网是国内专业的育儿网站，为准备怀孕、已经怀孕以及 0~6 岁的婴幼儿父母提供科学、全面、实用的孕育、喂养、发育、早教等全方位的育儿知识。宝宝生活的方方面面，都需要无微不至的呵护。聪明妈妈应为宝宝创造安全的生活环境，保证宝宝舒适健康的生活。

　　近几年根据市场的需求，育儿网不失时机地推出了《橙品清单：聪明妈妈消费指南》。该书以广大消费者的口碑为基础，精挑细选，推出安全可靠、品质优越、性价比高的各种育婴产品，编写成的这套"导购书"，深受年轻父母的喜爱和推崇，虽然已经出版发行过 2 册，书籍仍持续热销。为了满足市场和受众的需求，育儿网新近又推出第三册。

　　该书恒定不变的原则仍然是"消费者是真正的上帝"，消费者的使用感受是产品的最好广告，按照众多妈妈的口碑，推荐优质的孕婴童产品。书中不但有产品详细可靠的介绍、产品选择的方法和标准，更有非常科学、严谨、详实的育儿知识和资讯，对家长选择购买婴幼儿用品有实实在在的指导和帮助，使人读后有耳目一新的感觉。

　　在物质极为丰富、产品琳琅满目的时代，应该遵循一种自然、绿色、生态的育儿理念，做一个时尚、前卫，又不败家的妈妈。为可爱的宝宝挑选心仪、安全、优质的产品时，避免冲动消费，勿患"选择困难症"，相信这本书就是你最好的参谋和导购。

著名育儿专家、儿科教授
新浪微博十大影响力金牌专家　王玉玮

目 录

宝宝用品 ·················· 01

妈妈用品 ·························· 73

宝宝用品

宝宝用品种类繁多，吃穿用行笔笔皆是花销。初为父母，往往在挑选宝宝用品时手足无措。琳琅满目的商品，到底怎么挑选？是不是越贵的产品质量越好？是不是国外的产品都比国内的好用？选购问题太多，别急，下面为你一一解答。

婴幼儿奶粉

婴幼儿配方奶粉是一种营养成分接近母乳的奶制品，

又称为"母乳化奶粉"。

它根据不同时期宝宝生长发育所需的营养特点来设计，

已成为宝宝不可或缺的"口粮"，

更是妈妈们关注的重点。

只有科学地选择奶粉，才能更好地喂养宝宝。

婴幼儿奶粉的 分类

● 按适用对象分

婴幼儿配方奶粉按照它的适用对象主要分为以下三种：

**普通
配方奶粉**　以牛奶或者羊奶为原料制作的，适合一般宝宝食用的奶粉。

**特殊
配方奶粉**　由于生理情况的特殊性，有的宝宝需要食用经过特别加工处理的配方奶粉。此类配方奶粉需经儿科医生、营养师指导和建议后才可食用，如无乳糖配方奶粉、水解蛋白奶粉等。

**早产儿
配方奶粉**　适合早产宝宝食用的配方奶粉。

● 按年龄段分

　　不同年龄段的婴幼儿应选择不同段的奶粉，这样才可满足宝宝不同发育阶段的营养需求。目前市场上最常规的分段法是：

一段奶粉
0~6个月的婴儿

二段奶粉
6~12个月的较大婴儿

三段奶粉
1~3周岁的幼儿

*不过各个品牌的奶粉分段也会稍微有些差异，家长在选购时，一定要看清楚奶粉罐上的段数标注。

婴幼儿奶粉的选购技巧

面对市场上琳琅满目的婴幼儿奶粉，要想挑选优质的，还需注意以下几点小技巧：

1.看奶源、认准大品牌

奶源是一切质量的源头，奶源地的优劣从根本上决定了奶粉的品质，因此挑选优质奶粉，一定要选择来自优质奶源地的。同时一定要认准知名大品牌，因为它不仅有着过硬的生产技术，还有着多年的市场口碑，产品质量更加有保障。

2.多动手、多用耳

购买奶粉时首先要观察一下奶粉包装是否完整，需观察的标识有商标、生产厂名、生产日期、批号、保质期等。其次是多动手、多用耳来观察奶粉的品质。袋装奶粉可以用手揉捏，质地好的手感较为松软，且有轻微的沙沙声；罐装奶粉可将罐子倒置，轻微摇晃，质量好的奶粉，罐底无黏着。

3.先试用、再使用

初次购买奶粉可以先选择小包装，不仅可以更直观地观察到奶粉的品质，还能让宝宝先试喝，若宝宝食用后无问题，方可继续购买。优质奶粉应色泽均匀，呈天然的乳黄色或乳白色，且易冲调溶解，不会有杂质。

医生的叮咛 **奶粉的正确冲调**

王玉玮　山东大学齐鲁医院儿科教授

用沸水将奶瓶、奶嘴先消毒
（至少5分钟）

晾干奶瓶后，倒入40℃
左右温水

在奶瓶中加入所需奶粉量

盖紧瓶盖，左右轻轻摇晃奶
瓶，直到奶粉完全溶解

滴几滴到手腕上，检测温度
是否合适后再给宝宝食用

💡 奶粉冲调tips：

❶ 用水有讲究

　　矿泉水、纯净水以及反复煮沸的水都不适合用于冲调奶粉，应使用经过科学处理、卫生达标的自然水。

❷ 冲奶粉并不是越浓越好

　　冲调奶粉时，应正确按照奶粉罐上标注的冲调比例进行量取，且每勺都应该是平勺。婴儿消化系统尚处于发育阶段，若食用奶粉过浓，可能会造成宝宝消化不良，还会给肾脏带来负担。

❸ 冲奶粉应左右摇晃

　　不少妈妈在冲调奶粉时会使劲上下摇晃或直接用筷子搅拌，其实这些做法容易使奶粉产生很多气泡，宝宝喝了易胀气、打嗝、吐奶。优质的奶粉只要轻轻左右摇晃奶瓶就能全部溶解了。

使劲上下摇晃　　　　**直接用筷子搅拌**　　　　**左右摇晃奶瓶**

❹ 不要随意添加调味料和保健品

　　不要在奶粉里加糖、蛋白粉等，孩子过量食用糖类会影响发育，造成身体不适，而蛋白粉过高也会增加宝宝的肾脏负担。同时也不要将药物放入奶粉中给宝宝食用，除非有特别提示和说明。

妈妈经验谈

小米儿　**冲奶粉，掌握水温很重要**

　　一般冲奶粉的水温都是控制在 40℃左右，要是每次冲奶前再烧水，那等的时间太长了。我一般会先备个冷水壶，每天早上倒入烧开的热水，冷却成凉白开，冲奶的时候再将热水和凉白开一起兑成温开水。如果不知道水温的话，可以把水滴在手腕内测试一下，这个部位对温度比较敏感。如果太烫，可以先装一碗凉水，再将奶瓶放入水中降温。

诗瑜妈咪　**冷掉的奶不要煮，用热水烫**

　　如果奶粉冲好后宝宝没及时喝，冷掉了，不要再煮，也不要用微波炉加热，这样会影响奶粉的营养结构。我一般会把奶瓶放在热水中烫一烫，如果冲调好的奶粉，过了2小时就不要再给宝宝吃了，需要倒掉。

琳儿　**这样转奶，宝宝更易接受**

　　给宝宝一段转二段奶的时候，我采用的是"一顿一顿置换法"，效果很不错哦！我们家宝宝是一天吃 4 顿奶的，我先用二段奶置换其中的一顿，观察 3~4 天。看宝宝消化良好，我就再多置换一顿，然后再观察，就是这样反复置换，最后转奶成功啦。如果说在置换的过程中宝宝出现消化不良，可以延长一下观察的时间，等宝宝大便正常了再换。

纸尿裤

宝宝出生后至1~2岁，基本上离不开纸尿裤，

纸尿裤不仅是妈妈的得力助手，更可以保护宝贝小屁屁的健康。

市面上纸尿裤种类繁多，质量良莠不齐，

那么什么样的纸尿裤才是宝贝屁屁的最佳拍档呢？

纸尿裤的 分类

● 按形状分

一字型纸尿裤

适用于大小便量较少并且运动量小的新生儿。一字形纸尿裤要夹在纸尿裤腰带或者尿布兜上使用。

腰贴型纸尿裤

两边有搭带或腰贴，设计得比较立体，可以将宝宝的屁股包起来。市场上的纸尿裤大部分都是腰贴型。

裤型纸尿裤

俗称拉拉裤，两边有松紧腰贴，穿和脱都很方便。主要适用于正在如厕训练、学步的宝宝。

● 按尺寸分

纸尿裤的大小主要根据宝宝体重来分：

NB（初生号）： 适用于<5kg的宝宝

S（小号）： 适用于4~8kg的宝宝

M（中号）： 适用于6~11kg的宝宝

L（大号）： 适用于9~14kg的宝宝

XL（加大号）： 适用于>12kg的宝宝

* 需按照包装上的尺寸说明购买，不要一次性购买过多的纸尿裤，宝宝生长很快，尺寸需根据宝宝身型和体重来更换。

纸尿裤选购技巧

1. 选品牌重渠道

纸尿裤直接接触宝宝的肌肤，因此应挑选正规厂家和品牌的产品，材质和生产卫生环境比较有保障。而且尽量在大商场或超市中购买，其进货渠道安全，能让家长更放心。当然，网购最好也优先选择在品牌旗舰店购买。

2. 看包装观标识

购买前先观察纸尿裤包装是否完整，正规纸尿裤的外包装上应标明：产品名称、采用标准号、执行卫生标准号、生产许可证号、商标；生产企业名称、地址；产品品种、内装数量、产品等级；产品的生产日期批号等信息。

3. 先试用再使用

要想挑选到最适合宝贝的优质纸尿裤，妈妈们可以先少量购买给宝贝试用，然后根据以下纸尿裤"好用"参考标准来检查所买纸尿裤的效果，最终再决定要购买的品牌及产品。

纸尿裤"好用"参考标准

合身舒适： 为宝贝挑选合身舒适的纸尿裤非常重要，大小合适、有弹性、材质柔软舒适的纸尿裤能够很好地配合宝宝活动，不易侧漏，避免摩擦和产生红印。

吸收好： 吸收好的纸尿裤，可以快速吸收尿液，减少尿液与皮肤的接触时间，自然就可减少宝宝患尿布疹的机会。而且可以减少更换频率，不会影响宝宝睡眠。

干爽不回渗： 干爽不回渗的纸尿裤，可以让睡眠中的宝宝不被潮湿的尿布弄得无法安睡，也可减少感染尿布疹的机会。

轻薄透气： 并不是越厚的纸尿裤就越好，不少轻薄的纸尿裤也能做到吸收力强且透气性佳。特别是夏季，最好选择轻薄透气的纸尿裤，让宝贝屁屁自由呼吸。

粘贴性好： 纸尿裤的腰贴需能反复粘贴，所以一定要挑选易摘、易贴且粘贴性好的纸尿裤。

有防漏功能： 有些纸尿裤收口两边有褶皱，它的作用就是防止尿便漏出。给宝宝穿腰贴型纸尿裤时务必要把褶皱的部分翻到外面来才会起到防漏作用。

医生的叮咛 **纸尿裤的更换**

王玉玮 山东大学齐鲁医院儿科教授

更换前，先用湿巾擦洗小
屁屁，方向由上至下

打开纸尿裤，轻抬小腿，
垫在屁屁下

前侧翻起，盖好宝宝肚脐

弹力腰围，先拉伸，后粘贴
小肚子上留一指空隙

调整并整理两侧腰围和腿围
松紧，防止漏尿

纸尿裤更换tips：

1 纸尿裤要勤换

为了更好地保护宝贝娇嫩的肌肤，纸尿裤应勤于更换。据研究表明，各个年龄段宝宝纸尿裤的更换周期是不同的，应正确调整。

新生儿：膀胱发育还不成熟，储尿功能差，排尿频繁，因此更换要勤一些，一天之内更换约10次左右，特别是在哺乳前后、排便后、晚上睡觉前务必更换。

婴幼儿时期：可减少更换的次数，白天大约3个小时换一次，更大一点时，可4~6个时换一次。夜间则1~2次适宜，以不影响宝宝睡眠为准。

2 做好臀部护理

每次更换纸尿裤时应先清洁宝贝的小屁屁，有助于减少皮肤刺激。擦干净后可再涂一层护臀膏，可以更好地保护宝贝臀部。

3 出现过敏立即停止使用

如果宝宝使用纸尿裤后，臀部皮肤出现发红现象，应立即停止使用。可考虑更换其他品牌的纸尿裤，或使用最传统的尿布来过渡。

妈妈经验谈

紫桐妈妈　一根手指即可判断纸尿裤是否合身

纸尿裤穿得是否合身太重要了，过紧会让宝宝不舒适，太大又会漏尿。所以我每次给宝宝穿上纸尿裤后，都会在宝宝肚子处试试能不能塞进一根手指头。有时候宝宝特别不配合，我就会等他熟睡放松状态下试，如果能塞的话，就表示是合身的。

小虎崽　何时换纸尿裤？多看，多摸

想知道宝宝的纸尿裤有没有满，可以多看一看、摸一摸，看纸尿裤是不是鼓鼓的、涨涨的。如果它看起来已经很鼓很重的样子，即使没到时间也需要更换了，要不然容易漏出来。不过现在大部分纸尿裤都带有尿显提示，我也会根据这个来判断。

袁诗涵的麻麻　按睡姿调整纸尿裤，夜间防漏尿

睡前穿纸尿裤时，我会看宝宝的睡姿：如果宝宝趴着睡，前腰贴要提高点；躺着睡的话，后腰贴提高点；侧着睡，防侧漏的边要拉紧。穿好以后检查检查，腰贴一定要牢牢粘住纸尿裤，防侧漏的边一定要展开，整理好。

哺喂用品

哺喂用品作为宝宝吃饭喝水的小助手，
帮助妈妈们分担了不少哺乳喂养的工作。随着宝宝年龄的增长，
宝宝的哺喂用品不再仅仅是奶瓶，
更需要饮水杯、各式餐具来助阵。市面上众多的哺喂用品，
大多是根据宝宝不同年龄的需求而设计生产的，
妈妈们需学会根据宝宝年龄段来购买。

奶瓶奶嘴

奶瓶是宝宝从出生前就需要准备的哺喂用品，主要用来帮助没有条件纯母乳喂养的宝宝喝奶与喝水。纯母乳喂养的宝宝对于奶瓶的需求量不大，而对于纯奶粉喂养的宝宝，奶瓶却至关重要。

● 按形状分

奶瓶的形状是根据不同阶段宝宝的需求来设计的，常见有圆形、弧形/环形、带柄奶瓶。

圆形奶瓶	环形、弧形奶瓶	带柄奶瓶
0~3个月宝宝用	**4个月以上宝宝用**	**1岁以上宝宝用**
圆形奶瓶瓶颈的内侧比较光滑平整，便于奶水的自然流动。一般来说，小号适合母乳喂养时使用，奶粉喂养可选用大号。	随着宝宝的成长，用手抓东西的欲望也逐渐增强。弧形、环形奶瓶满足了宝宝的需求，方便宝宝喝奶时进行抓握。	选用带柄奶瓶不仅可以帮助宝宝握稳瓶身，还方便他们用不同的姿势喝奶。

● 按材质分

市面上奶瓶的材质，常见的有PPSU、PES、PP、玻璃、硅胶五种，这五种材质都安全，不含双酚A。

材质	透明度	易清洗度	耐磨性	耐热性	轻便性
玻璃	透明度高，瓶身很清晰	内壁光滑，易清洗	耐磨、不易刮伤	耐热性高，不怕反复煮沸	较重易碎，适合0~3个月宝宝
PP	透明度一般，瓶身会有朦朦胧胧的雾感	易残留奶垢，不易清洗	不耐磨、易被刮伤	耐热性一般，在110℃左右，使用寿命短	轻便不易碎
PES	由于奶瓶本身颜色为淡茶色，所以瓶身清晰度较低	残留奶垢后不易清洗	不耐磨	耐热性高，可达180℃	轻便不易碎
PPSU	颜色清透，透明度高	内壁光滑，较易清洗	耐磨	耐热性高，可达207℃	轻便不易碎
硅胶	无色透明	较易清洗	耐磨	耐热性高，可反复消毒，使用寿命长	轻便不易碎，瓶身很柔软

● 按口径分

市面上的奶瓶主要分为标准口径和宽口径奶瓶。

标准口径奶瓶

标准口径奶瓶比较方便家长抓握，但添加奶粉时容易洒出来。

宽口径奶瓶

宽口径奶瓶比较流行，大口径设计更易加奶粉，也易清洗。

● 按功能来分

普通奶瓶： 只满足喝奶的需求，无其他功能。

防胀气奶瓶： 也称为防吐奶奶瓶，除了满足正常喝奶需求之外，还能起到有效地防止胀气、减少打嗝和吐奶，减少中耳炎发生率的作用。

● 按月龄选容量

奶瓶有大有小，妈妈在选购时，要根据宝宝的月龄来选择不同容量的奶瓶。市面上的奶瓶容量通常是从 120ml~330ml 不等，大容量的奶瓶可以持续使用，但携带不方便，建议妈妈们应至少购买一大一小两种容量的奶瓶。

新生儿

120ml~180ml奶瓶

一般未满1个月的宝宝的哺乳量一次约80ml~100ml。因此1个月的宝宝需至少120ml容量的奶瓶。

180ml~200ml奶瓶

　　满1个月以上的宝宝的哺乳量一次约100ml～180ml，因此2~4个月宝宝建议选择180ml~200ml容量的奶瓶。

220ml~260ml奶瓶

　　4个月以上宝宝逐渐开始添加辅食，但奶量不能减，建议选择220ml~260ml容量的奶瓶。

260ml~330ml奶瓶

　　胃口比较大的宝宝适合选择容量较大的奶瓶。因此像260ml~330ml这些大号奶瓶，适合胃口大、处于快速成长期的宝宝。

● 按需选奶嘴

　　奶嘴直接接触宝宝的嘴，所以在挑选时特别需要注意。主要从材质、孔形两方面去挑选。

挑材质

橡胶： 颜色偏黄，质感近似妈妈乳头。但由于是天然橡胶制成，因此会有少许异味，而且容易老化，抗热性和抗腐蚀性也较差。

乳胶： 天然乳胶制成，弹力好且柔软，比橡胶更接近于妈妈乳头，但同样也易老化，不耐高温，有时也会有少许异味。

硅胶： 无色透明，无异味，不易老化，可耐高温、耐腐蚀。不过需注意的是，硅胶弹性不及乳胶，使用过程中要经常检查奶嘴情况，若出现小破损应立即更换。

挑孔形

圆孔奶嘴

适合 3 个月以下宝宝。圆孔奶嘴，奶水自动流出，让吸吮力小的宝宝容易喝到奶。注意奶嘴要以 45 度角进入宝宝口中。圆孔奶嘴还分 S、M、L 三个型号，对应不同月龄宝宝使用。

十字孔奶嘴

适合 3~12 个月宝宝。十字孔奶嘴依宝宝吸吮力强弱来控制奶水流量，不易呛奶，且可训练宝宝口腔的咬合能力。

Y 字孔奶嘴

适合宝宝用于吸食流质辅食。Y 字孔奶嘴的奶水流量非常稳定，不过需要用力吸吮。

医生的叮咛　奶瓶消毒注意事项

王玉玮　山东大学齐鲁医院儿科教授

较为常用的奶瓶消毒方法是沸水消毒、微波炉消毒、高温蒸汽消毒。

沸水消毒：将奶瓶的各个部件拆分下来，放在煮沸的开水中煮 5 分钟即可。之后将奶瓶部件放置在专用架子上或纸巾上晾干，切勿用抹布擦拭，防止二次污染。

微波炉消毒：将奶瓶的各个部件拆分下来，放在专用的微波消毒容器内，并放入热水将其淹没，放入微波炉中。需要注意的是，并不是所有奶瓶都适合放置在微波炉中消毒，在消毒前还需认真阅读使用说明书，了解其在微波炉中消毒需要加热的时长和火候大小。

高温蒸汽消毒：市面上还有专门的奶瓶消毒机，一般都是以高温蒸汽消毒消灭奶瓶中可能残存的细菌。

 金龟子　**喂奶时注意角度，宝宝不打嗝**

我给宝宝喂奶的时候，会注意奶瓶的倾斜角度，尽量让奶水盖过奶嘴，这样宝宝就不会吸入太多空气打嗝了。当然更不能让宝宝吸空奶瓶，这样吸入的空气更多，可能会引发宝宝腹痛，之前就不小心让宝宝受了罪。所以，如果奶嘴被宝宝吸瘪了，把奶嘴拿出来，等奶嘴恢复原样再喂他，如果奶快吸没了，就及时拿走奶瓶。

萌萌麻麻　**喝完奶后，记得要拍嗝**

喂完奶后，我不会马上把宝宝放下，通常会竖着抱起她，让她靠在我肩头，轻轻拍她的后背，直到宝宝打个嗝。这样可以帮助宝宝排出吸入的空气，宝宝就不会吐奶了。

云朵宝宝　**拿开奶瓶宝宝闹，安抚奶嘴来帮忙**

宝宝每天晚上睡觉前都要喝奶，但每次喝完奶后都不肯让我把奶瓶拿开，就要含着，一直含到睡觉，睡着了吧，我一拿开还会哭醒。后来我尝试用安抚奶嘴代替，没想到效果还是很不错的。如果让宝宝长期含有乳汁的奶瓶睡觉会影响宝宝的牙齿健康，所以一定不能让宝宝含着奶瓶睡觉哦。

学饮杯

宝宝在6个月左右的时候，就可以慢慢训练他（她）自己学习喝水，脱离其对奶瓶的依赖。这时候，帮助宝宝独立饮水的学饮杯就成了很重要的工具。

学饮杯选购技巧

① 按月龄选吸嘴

根据宝宝月龄的递进，有三种学饮杯可以供妈妈们选择。

奶嘴式

适合 3 个月以上宝宝使用，能够最大程度还原妈妈的乳房，让宝宝更好吸吮。为了避免刚学喝水的宝宝被呛到，最好选择能够控制水流的十字孔奶嘴。

鸭嘴式

开口较小，适合 6~12 个月刚开始学习独立喝水的宝宝，让他们慢慢从奶嘴过渡到学饮杯，也可以防止宝宝因无法掌握吸力而致水从吸嘴中流出。

吸管式

开口较大，适合 12 个月以上的大宝宝使用。当然，随着宝宝月龄增大，可以将软吸管杯慢慢替换成硬吸管杯，让宝宝慢慢适应水杯喝水。

* 现在有很多品牌有这样的套装：一个杯身可以完美匹配三种吸嘴，非常贴心和实用。

② 选材质，要安全也要轻便

宝宝的学饮杯应选择材质安全且轻便的。推荐PPSE、PP及PES这三种材质的塑料学饮杯，安全耐高温，是宝宝喝水的好助手。

❸ 看细节，好抓握、不漏水

想让宝宝爱上喝水，这些细节也要注意。第一要好拆卸清洗，第二是刻度要清晰，第三是倒置不漏水，第四是手柄好抓握。当然，如果选择造型可爱的，宝宝就更有兴趣喝水了。

妈妈经验谈

呆萌的今豆　　**以身示范，教宝宝喝水**

宝宝刚用吸管杯时，他不知道怎么用吸管。后来，我就想到拿个吸管演示给他看，把吸的动作做夸张一些。小孩子的模仿能力是非常强的，他两次就学会啦。

小琳妈　　**清洗吸管，我用小发卡**

吸管内部很难清洗到，我会用一个新的大号黑色发卡，把毛线穿进吸管内，在另一头拉出来，来回拉几下，轻松清洗干净吸管内壁，简单又省钱。

餐 具

当宝宝10~12个月时，可以适当训练宝宝学习自己进食。这时，父母便需要为宝宝选择合适的餐具。

● 重品牌，看材质

目前，市面上的宝宝餐具主要以 PP、PPSU、Tritan 等安全无毒塑料材质为主，当然也有造型可爱的不锈钢、陶瓷、木质餐具。不过陶瓷餐具质量较重、容易摔碎；不锈钢餐具容易烫手、保温性差；木质餐具容易滋生细菌、不好清洗，所以相比而言选择塑料餐具的父母居多。且一定要选择知名品牌生产的餐具，安全有保障。

● 选款式，看功能

为宝宝选餐具，最好选择外形浑圆的，因为浑圆的餐具更实用，也可以避免宝宝进食时被磕碰到；而且圆形餐具还可以避免宝宝在喝汤时发生渗漏。同时还要注意碗的手柄设计是否容易让宝宝拿握，容易拿握的餐具更能激起宝宝吃饭的兴趣。还有些有吸盘功能的餐具，可以防止宝宝把餐具扔到地上。

● 辨色彩，闻气味

　　为了让宝宝更有食欲，很多餐具都会绘有可爱的卡通图案，这些图案有的是在餐具外部，有的则是在餐具中间，若在餐具中间，就要注意这个图案颜色是否容易脱落。所以，为了安全起见，妈妈们最好还是选择外部刻有图案的餐具。且不要选择涂漆的餐具，购买时可先闻一闻，若有刺鼻性气味，切勿购买。

洗护用品

洗护用品是婴幼儿日常护理的必备用品，
常用的有：面霜、洗发沐浴露、护臀霜、爽身粉、祛痱粉、
湿巾、洗衣皂和洗衣液等。
由于婴幼儿肌肤非常娇嫩、敏感，容易受到外界刺激，
所以家长在为宝宝挑选洗护用品时，
一定要看清成分，挑选无香精、无着色剂等添加剂的产品，
避免刺激宝宝肌肤，引发过敏。

宝宝面霜

宝宝肌肤分泌的皮脂比成人少，而皮脂又是保护肌肤的重要成分，皮脂的缺乏会让宝宝的肌肤更容易受到干燥、起皮等一系列问题困扰。因此，给宝宝使用面霜是十分必要的，尤其是干燥的秋冬季节。

❶ 应季选择面霜质地

宝宝的皮肤与成人相比更娇弱，且更容易出现过敏和缺水的问题。在秋冬季节时，可选用高保湿防皲裂的宝宝面霜，而在春夏季节，宜选择质地较为轻透水润的面霜。

❷ 闻气味、看成分

为宝宝挑选面霜，首要考虑的是面霜的滋润性能。宝宝的面霜质地需要看上去足够水润，不厚重，易于推开及吸收，无味或是含有淡淡天然香气为最佳。

选择天然成分的宝宝面霜。宝宝的皮脂层娇嫩，面霜中不应含有酒精、香精，应注重水润保湿，其他成分能少则少，避免给宝宝皮肤带来伤害。

❸ 重品牌，看品质

面霜品牌很多，一定要在正规的渠道去购买专业婴童护肤品品牌的产品，他们有更多的经验和技术，生产的产品更有保障，更适合宝宝使用哦！

医生的叮咛 **宝宝面霜使用注意事项**

王玉玮 山东大学齐鲁医院儿科教授

1.先用温水清洁再涂抹

在给宝宝使用面霜前，用温水将宝宝的脸部清洗干净，但是切忌用热水给宝宝洗脸，以免宝宝面部水分流失、皮脂层遭破坏，造成脸部干燥脱皮。

2.涂抹动作要温柔，注意两颊、鼻子、额头

宝宝的两颊、鼻子以及额头，是重点保护部位。在为宝宝涂抹面霜时，并非涂得越厚越好，在需要的部位涂抹薄薄一层即可。

宝宝洗发沐浴露

成人的洗发沐浴产品并不适合宝宝，其中含有过多的清洁成分，且成分偏碱性，这对于宝宝娇嫩的皮肤来说，具有一定的损伤性。因此，给宝宝购买洗发沐浴露，一定要选择宝宝专用的产品。

洗发沐浴露选购技巧

❶ 看包装、辨成分

在为宝宝选购洗发沐浴露时，需要关注产品的成分是否天然无刺激，包装上注明"无泪配方"的洗发沐浴露通常更温和。尽量拒绝人工化学添加剂。

❷ 观颜色、闻气味

选择无色透明、无味或有淡淡清香的洗发沐浴露，杜绝人工合成色素和香精的添加，以减少对宝宝肌肤的伤害。

❸ 看质地、测效果

宝宝洗发沐浴露选择质地较稀的产品即可。因为宝宝洗头洗澡不需要强大的清洁功效，洗发沐浴露的成分应以水为主，做到更加温和纯正。在购买大包装的洗发、沐浴产品前，建议先试用小样或购买小瓶装测试效果，避免浪费。

妈妈经验谈

小小可心　**洗澡频率不宜过高，沐浴露不宜用太勤**

孩子的皮肤比较薄，防御能力也比较差。给宝宝洗澡的时候切记水温不能过高，洗发沐浴露也不要用得太多，控制洗澡的时间。不要太勤地使用洗浴用品，过分清洁反而会洗掉保护宝宝肌肤的皮脂层。

天使妈咪616　**洗头专用帽，宝宝不哭闹**

　　很多宝宝都比较害怕洗头，因为他们怕水进到眼睛里。我们家娃之前也是的，一洗头就哭，后来我给他买了这个洗头专用帽，怎么洗眼睛都不会进水哦，真的很实用。

　　但如果女宝宝头发长的话，这个沐浴帽应该不太合适，可以买个沐浴凳给宝宝用。

开朗的蝴蝶结　**打成泡沫，清洗更彻底**

　　我每次给宝宝洗澡时，都先用沐浴球打出泡沫再给宝宝使用，这样宝宝就不会被沐浴露突然冰到。同时打成泡沫的状态能使沐浴露成分得到充分释放，清洗效果更佳。

朵朵花开　**洗头洗澡挑对时机，宝宝配合好**

　　宝宝入睡前不宜洗澡，睡前洗澡宝宝容易兴奋得睡不着。吃饱饭后洗澡，可能会导致宝宝消化不良或者头晕。所以，一般我都是饭后给他休息一小时再洗，他会很配合。

宝宝护臀霜

当宝宝的屁股受到尿液的浸泡刺激或者是细菌的感染，会呈现出"红彤彤"的状态，严重时甚至导致皮肤破损，事实上，这就是通常说的"尿布疹"。宝宝护臀霜可以将宝宝的皮肤与尿液及大便液隔离开来，从而避免排泄物刺激皮肤。

❶ 先看配方表

护臀霜的成分要天然。在购买前应看配方表，选择植物温和配方的护臀膏，注意其是否含香精、酒精和激素，这些成分容易让宝宝过敏或者对皮肤产生刺激。

❷ 上手试用最直观

购买时不妨参考平时购买化妆品的方式，涂抹在手上试用，以获得最直观的体验。

护臀霜在涂抹时，应该易于推开，有一定的滋润效果，能够被肌肤快速吸收，同时没有浓烈刺鼻的气味。

护臀霜的主要作用是隔离屁屁与尿液、粑粑，产品中所含的油性成分可以有效隔绝污染物，在宝宝的屁屁上形成一层保护层。试用后在涂抹处倒点水，观察水的流动性。

❸ 选小包装不囤货

优先选购小包装的护臀霜，一方面护臀霜的用量其实并不大，买多了会浪费，且使用时小包装也方便；另一方面，如果宝宝不适用还可以及时更换品牌，省钱省心。

1.护臀霜是用来预防的，并无治疗作用

甘油是护臀霜的主要成分。涂抹了护臀霜，宝宝的小屁屁就有了一层保护膜，进而隔绝尿液，预防尿布疹。而当小屁屁有破损时，应该停止使用护臀霜。而我们看到的护臀霜中添加的消炎成分主要是用来舒缓皮肤的，在小屁屁刚发炎红肿时能有一定的缓解作用，但不能治疗尿布疹。

2.使用前先测过敏反应

使用之前，要先取少量护臀霜涂于宝宝皮肤表面，过一段时间后观察有无过敏现象，若无过敏现象，即可放心使用；若宝宝对某些品牌的护臀霜有过敏现象，应立即停用并更换其他适合宝宝皮肤的护臀霜。

3.先清洁，再晾干，预防效果好

为了更有效地发挥护臀霜的作用，预防宝宝尿布疹，妈妈们在为宝宝涂抹护臀霜之前，应当先用清洁纱布蘸上清水将宝宝的屁股擦一遍，等到水干后，再将其涂抹在宝宝屁股上。

爽身粉、痱子粉

　　炎炎夏日，爽身粉和痱子粉是宝宝的常用产品。爽身粉可以在宝宝洗完澡后擦在全身，保持宝宝的皮肤干爽。而痱子粉除了能保持宝宝皮肤干爽外，还能有效减轻宝宝身上起痱子所造成的不适感，预防更多痱子产生。

爽身粉&痱子粉大不同

1.成分差异

　　爽身粉和痱子粉看似一样，但两者的原料种类和所含剂量是有所差别的。痱子粉含有薄荷脑、水杨酸，而爽身粉没有；爽身粉中所含的硼酸，痱子粉中是禁放的；痱子粉比爽身粉多含了一种消毒抑菌止痒的成分，切勿混淆购买。

2.功效差异

　　爽身粉与痱子粉都有止痒、吸汗等作用，但针对性不同。痱子粉主要是止痒、消炎、杀菌、预防和抑制痱子再生。爽身粉主要可以吸收汗液、滑爽皮肤，虽然一定程度上也减少了痱子的发生，但无法针对痱子消炎、杀菌。

爽身粉、痱子粉选购技巧

① 看成分，要天然

选择成分天然的爽身粉、痱子粉。现在市面上有以玉米粉或松花粉为主要成分的产品，成分安全；其次，也可选用以优质滑石粉作为原料的产品。

② 看包装，要安全

选择宝宝不易打开的包装设计，这样避免宝宝直接接触其中的粉末，防止有害成分摄入。

③ 先试用，再使用

挑选时，要优选大品牌产品，质量有保障。不过有些宝宝对痱子粉或爽身粉比较敏感，妈妈们在购买时要先试用。

医生的叮咛　爽身粉、痱子粉使用注意事项

王玉玮　山东大学齐鲁医院儿科教授

1.使用前需保证干爽

给宝宝清洗后一定要把水擦干。不要误认为给宝宝的皮肤拍上粉，就能使皮肤干燥。若本来皮肤潮湿，粉吸水则会凝结成块，局部位置仍然潮湿，反而对皮肤形成刺激。

2.重点涂抹易患部位

对于宝宝皮肤反复生痱子处，平时应该着重注意涂抹爽身粉、痱子粉，提前做好预防工作。

3.破损部位不能抹

如果宝宝已长出痱子，甚至皮肤破损，痱子粉必须停用。此时贸然使用反会增加毛孔污垢，引发新的皮肤病。

4.女宝宝使用注意部位

无论爽身粉还是痱子粉，在给女宝宝使用时，需要注意在大腿内侧、外阴部、下腹部处应避免过多使用，以免污染女宝宝的生殖系统。

妈妈经验谈

初遇の初语丽丽　　**蘸粉时远离宝宝，防止扬尘**

我蘸粉时，都会拿得离宝宝远一些，而且涂抹爽身粉时都是轻轻按压的，这样就不会容易飞粉啦。若宝宝不小心把粉末吸入呼吸道，会引起呛咳。

牛气轰轰天　　**液体爽身粉，使用更放心**

堂姐从国外带回来一款液体爽身粉。涂抹在宝宝身上时是液体状态，干了就变成细腻的粉质。它能完美解决扬粉的问题，而且涂起来很均匀哦。

宝宝湿巾

宝宝湿巾是一种婴幼儿专用的湿巾。由于宝宝的肌肤非常敏感，所以与平时用的湿巾相比，其制作工艺等要求更为苛刻。宝宝湿巾分为普通湿巾和手口专用湿巾两种类型。

1. 看包装辨成分

纯天然成分的湿巾为首选，应拒绝人工添加剂、香精等化学成分。湿巾外包装需要有良好的密封性，即使拆开包装使用后，剩余的湿巾也不会在短时间内流失水分。

不同品牌的婴儿湿巾在气味和手感方面有明显差别。选择无香型的婴儿湿巾，此类添加成分少且对宝宝的刺激更小。而手感摸起来厚实的湿巾不容易擦破或者留下碎屑，使用性佳。

2. 闻气味摸手感

3. 擦一擦测效果

保湿性好的湿巾，擦拭后能在宝宝的肌肤上留下一层保护膜，保护宝宝娇嫩的肌肤。用湿巾擦拭手背做测试，若 30 分钟后手背仍感觉滋润，则认为此品牌婴儿湿巾保湿性较好。但如果试用时有强烈的刺激感，则不要将此湿巾给宝宝使用。

医生的叮咛 湿巾使用注意事项

王玉玮 山东大学齐鲁医院儿科教授

1.勿用湿巾完全代替洗手

湿巾并非是清水洗手的完全替代品。因为湿巾中含各种添加物质，对于宝宝娇嫩的皮肤来说，长期使用有可能引发接触性皮炎等皮肤过敏问题。使用湿巾，必须等双手都干燥后，才能让宝宝抓取食物。

2.敏感部位不要用

在给宝宝使用湿巾时，不可以直接用它擦眼睛和耳膜、外阴等敏感部位，否则很容易出现一些不良症状。

3.湿巾不可重复用

湿巾为一次性用品，为了节约而重复使用同一张湿巾，或者把用过的湿巾简单冲洗后二次使用，都有可能造成细菌的滋生，影响宝宝健康。

4.冬天使用可稍加热

进入冬天后，湿巾需要微微地捂热一下，或将单片包装的湿巾在温水中浸泡后再给宝宝使用。直接使用较凉的湿巾可能造成宝宝身体不适。

洗衣皂、洗衣液

　　婴幼儿洗衣皂、洗衣液是洗涤婴幼儿衣物的专用洗护产品。其成分天然温和，不会刺激宝宝皮肤。同时，这类产品的pH值基本为7，呈中性，不含有刺激宝宝肌肤的化学成分。

❶ 看包装，辨成分

　　在给宝宝挑选洗衣用品时，包装密封完整是首要前提。可以关注产品外包装上的说明，选择成分天然低泡的为佳。

❷ 看颜色，闻气味

　　产品以颜色透明或纯白、气味淡雅清香为佳。如果在购买后发现产品有暗斑或明显的酸味，请立即停止使用，很有可能产品已经变质。

❸ 洗一洗，看效果

　　可以从两方面的效果选择合适的宝宝专用洗衣液：从清洁力来说，迅速溶解于水的洗衣液避免了长时间搅拌，清洗更均匀全面；从漂洗方面来说，具有"消泡"功能的洗衣液更好，能让漂洗更加省水省力。建议先购买小瓶装试用，选择最佳的。

医生的叮咛 **宝宝衣物洗涤注意事项**

王玉玮 山东大学齐鲁医院儿科教授

1.宝宝衣物要分开洗

宝宝衣物与成人衣物分开洗。大人外出环境较杂，接触的细菌也更多。如果将大人衣物与宝宝的混合清洗，很容易将外界的细菌带到宝宝身上。

宝宝贴身衣物与外衣分开洗。同大人清洗内衣一样，也需要将宝宝的贴身衣物单独洗涤，避免细菌感染，导致宝宝患病。

2.洗衣用品要适量，并非越多越好

使用时，应按照使用说明适量使用，并非用量越多越好。过多的洗衣用品一方面难于漂洗干净；另一方面，不能完全溶解于水的洗衣用品会造成化学残留。

3.一定要冲洗干净，充分晾晒

清洗完衣物后，要将洗衣液或洗衣皂漂洗干净，确保没有洗衣液残留，以免宝宝娇嫩的肌肤受到刺激，引起过敏、红疹等症状。

紫外线是最安全、天然的杀菌剂。宝宝洗过的衣物最好能在阳光充足且通风处充分晾晒。

妈妈经验谈

Carmen　**宝宝衣物要单独手洗**

　　宝宝的衣服和大人的衣服要分开洗，以免大人的细菌传染给宝宝，而且最好要手洗。洗宝宝衣物的时候一般用 30 度的水手洗，使用专用的洗衣液或者洗衣皂清洗干净，如果是有臭臭或者其他比较脏的污渍，用洗衣液和温水泡上十来分钟再清洗，效果更佳。

古月萌萌　**洗衣皂存放小妙招**

　　要准备一个可漏水的肥皂盒，保证肥皂的干净干燥。还有一个很简单的方法，就是将洗碗的魔术擦有海绵的一面向上，将肥皂放置在海绵上。一方面海绵能吸收掉肥皂的水分，另一方面沾有肥皂屑的海绵能直接拿来擦水池，很方便。

宝宝浴盆

　　成人使用的浴缸对于宝宝来说，不仅表面太滑，而且过深，给宝宝使用存在一定的安全隐患。宝宝浴盆专为宝宝洗澡设计，它的设计弧度、支撑性更适合宝宝娇小的身躯。此外，一些宝宝浴盆还有卡通设计、躺板甚至附带出泡泡SPA的功能，更能让宝宝爱上洗澡。

宝宝浴盆的 分类

类别	优点	缺点
浴凳式浴盆	安全，方便，不占地 适合刚出生的宝宝 漏水设计，保持宝宝背部干爽	仅适合淋浴 仅适合小月龄宝宝
可拆卸躺板浴盆	宝宝可躺可坐 实用且普及	较占地
一体化设计浴盆	一体式设计，清洗方便 不用拆卸躺板	仅适合小月龄宝宝 较占地
高桶立式浴盆	桶身容积大 泡澡保温性较好	需要家长看护 仅适合大月龄宝宝
充气浴盆	放气后不占地 造型有趣，宝宝喜爱	仅适合小月龄宝宝 与皮肤接触有异响 充气较麻烦，可能翻倒
折叠浴盆	方便，不占地 小巧收纳，适合旅行	洗澡前需先撑开 多为塑料制品，挑选需注意

宝宝浴盆选购技巧

一闻

　　首先可以闻一下盆是否有异味。即使是一些比较好的浴盆，由于新包装的缘故，也可能会有淡淡的塑料味，但不会刺鼻。

二看

　　宝宝对于鲜艳的物品会更感兴趣，可以选择带有艳丽色彩的浴盆，引导宝宝爱上洗澡。

　　选购浴盆时，可以选择底部有一层软垫的款式，这层软垫可起到防滑防霉的作用，也能让宝宝更舒服地在硬邦邦的浴盆里洗澡。

　　有的浴盆带有一个可移动的浴盆塞，它能够帮助你快速地排出浴盆里面的水。

　　最重要的一点是，购买前需要仔细检查浴盆的边缘是否光滑无毛刺，以免刮伤宝宝娇嫩的肌肤。

三掂量

　　浴盆的材质要尽量选择厚一些的。厚塑料足够坚固，才能支撑宝宝和一大盆水的重量，且宝宝玩耍时会对浴盆有一定的冲击力。可以采取手按和脚踩的方式进行坚固性测试。

妈妈经验谈

雷家二少　　**洗浴前先放水，调好水温**

给宝宝洗澡要先放凉水，再放热水，妈妈记着要把温度计放在水里，不要靠手臂这些传统的方法去测试水温，水温调好再把宝宝放进浴盆里，并随时关注水温，这样可以防止宝宝烫伤。

邱野　　**洗浴时水深过肚脐，防着凉**

宝宝洗澡前，尤其是未满月的小宝宝，可以买防水肚脐贴，把肚脐处粘好，免得进水。洗澡时水位要没过肚脐，不然宝宝肚子会着凉。

明媚纯和的叶子　　**洗浴后要定期消毒清洁**

我一般是半个月会给宝宝的浴盆消毒一次。市面上大多都是塑料浴盆，每次用一点肥皂水或者漂白粉稀释后浸泡半个小时，再冲洗干净。如果是铁质盆的话，直接用太阳晒晒就好了。但是不要乱用消毒液，一定要用的话，也要买宝宝专用的。

辅食

在婴幼儿阶段，母乳是宝宝早期成长最理想的食品。

但随着宝宝一天天长大，

母乳或配方奶粉中所含的营养已满足不了宝宝的成长所需。

因此，在宝宝满6个月开始，

可在坚持母乳喂养的同时，逐渐添加辅食。

宝宝的辅食可由父母亲自动手烹饪，

也可购买加工好的成品辅食。其中，成品辅食使用简单、

操作方便，可以为父母节省很多时间和精力，

但在其挑选上，家长还需多多注意。

各月龄宝宝 辅食添加 参考表

　　不同年龄段的宝宝，需要根据身体发育情况有针对性地添加辅食。有些家长会提早给宝宝添加辅食，以期待宝宝越吃越壮。岂不知，过早添加辅食容易造成进入体内的蛋白质未充分分解，引起胃肠道过敏反应。根据宝宝身体发育特点来看，添加辅食最早不能早于4个月，最晚不能晚于8个月。

月龄	辅食形态	推荐辅食
6个月	泥状、糊状	米粉、单一种类果蔬泥
7个月	泥状、糊状	米粉、肉泥、蛋黄、混合果蔬泥等
8~9个月	半固体	烂面、稠粥、碎菜、切成小粒的水果、肉末、全蛋
10~12个月	软固体食物	小饺子、小馄饨、软米饭、面包片、馒头片、煮烂的蔬菜等
13~24个月	淡口味家庭食物	清淡的家庭食物，必要时切碎或捣烂

常见辅食产品

米粉

　　市面上销售的婴幼儿专用营养米粉，属于宝宝常吃的辅食之一。它以大米为主要原料，分别加入蔬菜、水果、肉类、蛋类等配料，并强化宝宝成长所需的其他营养元素，如钙、铁、锌等矿物质元素。

选形态　　米粉形状多为粉状或片状。粉状米粉的粉质较为细腻，但比奶粉粗糙，口感相对较好。片状米粉口感不及粉状米粉细腻，但能更大程度上保证米粉中的营养。

冲调性　　好的米粉冲调前干燥松散，均匀无结块，以适量温开水冲泡或者煮熟搅拌后，呈润滑的糊状。冲调前请仔细阅读产品说明书，有些品牌的营养米粉需在加入温开水静置片刻后再搅拌才能冲调得更细腻。

看色泽
闻气味　　质量好的米粉应是大米的白色，均匀一致，有米粉的香味，无其他气味；较次的米粉略黄，不均匀，可能含有香精味等气味。

果、蔬、肉泥

　　果、蔬、肉泥是新鲜水果、蔬菜，或牛肉、鱼肉等打碎做成的泥状辅食。这样的泥状辅食在宝宝7个月左右可以开始慢慢添加。

果、蔬、肉泥选购技巧

1 看名称

注意看清是果汁泥还是果蔬泥。果汁泥中含有的水分较多，喝多会胀肚，从而导致宝宝减少喝母乳或配方奶的量。且其多为浓缩汁勾兑而出，含有砂糖及人工香料，并不适宜作为婴幼儿辅食。

2 看分量

6~12个月宝宝建议选择净含量在90g左右的泥。初期添加辅食，需要的量较小，如购买大罐果蔬泥容易吃不完，造成浪费。

3 看营养成分表和配料表

看配料表原料占比，是否有添加食品添加剂等。配料表中的各种成分是依据含量排序的，排第一位的成分含量最高，然后依次减少。建议选择成分为 100% 天然果蔬的果蔬泥，拒绝香精、砂糖、色素、盐的添加。

面条、饼干

面条和饼干类的辅食属于固体辅食，其中含有丰富的碳水化合物等营养物质。同时，它们还可以帮助训练宝宝的咀嚼能力。

面条、饼干选购技巧

1.选择婴儿专属面条、饼干

查看产品包装上的标签说明，其往往会标注"婴幼儿辅助食品"之类字样以及适用年龄，执行的标准是《食品安全国家标准：婴幼儿谷类辅助食品（GB 10769-2010）》。这类食品专为婴儿研制生产，配方成分更安全，且适合宝宝。

2.选择小型包装

宝宝对食物兴趣的持久性不高，建议买小包装的面条、饼干，避免吃不了放坏。

3.挑选有各种造型的面条、饼干

如果孩子不喜欢吃传统造型的面条、饼干，可购买一些有特殊造型的，比如小动物、小汽车形状的饼干，或者蝴蝶面等，引起宝宝进食的兴趣。

营养师的叮咛 **辅食喂养原则**

张佳 国家公共二级营养师

❶ 坚持母乳喂养，6月起添加辅食

母乳依然可以为满6个月后的婴幼儿提供优质蛋白质、钙等重要营养素，以及各种免疫保护因子等。因此7～24月龄婴幼儿应继续母乳喂养。

当婴儿满6个月时，胃肠道等消化器官已相对发育完善，可消化母乳以外的多样化食物。且婴儿的口腔运动功能，味觉、嗅觉、触觉等感知觉，以及心理、认知和行为能力也都已经准备好接受新食物。此时开始添加辅食，不仅能满足婴儿的营养需求，也能满足其心理需求，并促进其感知觉、心理及认知和行为能力的发展。

❷ 从富铁泥糊状开始，逐步添加到多样

7～12月的婴儿所需能量约1/3～1/2来自辅食，13～24月龄幼儿约1/2～2/3的能量来自辅食，而母乳喂养的婴幼儿来自辅食的铁更高达99%。因而婴儿最先添加的辅食应是富铁的高能量食物，在此基础上逐渐引入其他不同种类食物。

辅食添加原则：每次只添加一种新食物，由少到多、由稀到稠、由细到粗，循序渐进。从一种富铁泥糊状食物开始，如强化铁的米粉、肉泥等，逐渐增加种类，过渡到半固体或固体，如烂面、肉末、碎菜等。每添加一种新食物应适应2~3天，密切观察宝宝情况，适应后再添加其他的。

❸ 顺应喂养，鼓励但不强迫进食

随着婴幼儿生长发育，家长应根据其营养需求的变化，感知觉，以及认知、行为和运动能力的发展，顺应婴幼儿的需要进行喂养。

在喂养过程中应及时感知婴幼儿所发出的饥饿或饱足的信号，并做出恰当的回应。尊重孩子对食物的选择，耐心鼓励和协助其进食，绝不强迫进食。且应为孩子营造良好的进餐环境，保持进餐环境安静、愉悦，避免电视、玩具等对婴幼儿注意力的干扰，控制每餐时间不超过20分钟。

❹ 不加调味品，减少糖和盐的摄入

婴幼儿辅食应保持原味，不加盐、糖以及刺激性调味品，保持清淡口味。淡口味食物有利于提高婴幼儿对不同天然食物口味的接受度，减少偏食挑食的风险。且淡口味食物也可减少盐、糖的摄入量，降低儿童期及成人期肥胖、糖尿病、高血压、心血管疾病的风险。

❺ 注重饮食卫生和进食安全

婴幼儿辅食应挑选新鲜、优质、无污染的食物和清洁水制作，制作前必须先洗手，制作的餐具、场所应保持清洁。辅食应煮熟、煮透，做好后应及时食用或妥善保存。

进餐前一定要洗手，且要保持餐具和进餐环境的清洁、安全。孩子进食时一定要有成人看护，以防进食时发生意外，整粒花生、坚果、果冻等食物不适合婴幼儿食用。

❻ 定期监测体格指标，追求健康生长

适度、平稳生长是最佳的生长模式。最好每3个月一次监测并评估婴幼儿的体格生长指标，这样有助于判断其营养状况，并可根据体格生长指标的变化，及时调整营养和喂养方式。对于生长不良、超重肥胖，以及处于急慢性疾病期间的婴幼儿应增加监测次数。

安全出行

童车，是孩子出行的必备工具；

安全座椅，近年来越来越受有车的家庭关注；

而如今，宝宝的出行又多了一类流行工具——背带和腰凳。

安全出行，如何才能选到适合宝宝年龄段的产品？

满足哪些标准的产品才是安全舒适的？

购买时又要注意些什么？

婴儿推车

婴儿推车是宝宝出行的"交通工具"，宝宝坐或躺在里面被家长推着走，让家长省力，更让宝宝舒适。如今婴儿推车的功能已升级到可以在车里睡觉、吃饭、玩耍等，更是妈妈带宝贝游玩、逛街时的必需品。

婴儿车的 款式

01 功能型婴儿车

0~3岁宝宝适用，车重量多在12kg以上。这类车的骨架比较高大、结实，通常后轮尺寸比较大。功能型婴儿车更适合新生儿，高景观车属于这类车型。由于车子本身重量的缘故，更适合在附近散步时使用。

02 轻便型伞车

6个月以上宝宝适用，车重量多在6kg以内。这类车的骨架比较细，四个车轮一样大，尺寸较小，可以进行折叠，轻巧、方便携带。适合逛街、出远门时使用。

03 三轮跑步车

这类车通常有 3~4 个超大的车轮，突出的减震设计，适合推着宝宝一起慢跑或者快走锻炼。有跑步爱好的爸妈们，或者产后有减肥需要的宝妈们可以考虑下哦。

04 多人/双胞胎车

随着二孩政策的开放，原本这种国外流行的多人车也在国内风靡起来。这类车有多个并排或并列的车座，可以换向，可站可坐，适合二孩家庭购买。

婴儿推车的选购要点

1.安全性

　　安全性是婴儿推车首要考虑的问题，主要是安全带和车身两个方面。国内 3C 标准为三点式固定，而欧洲安全标准为五点式固定，增加了除了双肩、胯下三点外的腰侧两点，分散了受撞击后的受力，减少冲击伤害。而车身主要看布料、车架的用料是否安全，外观上是否有毛刺、尖锐点，以免划伤宝宝。

2.舒适度

　　其次，要看宝宝推车的舒适度。座椅过于柔软，不利于宝宝骨骼和脊椎的发育，而过硬久坐会不适。因此需要选择软硬适中的座椅，推车的背靠还需可以前后调节，以便宝宝在乘坐和休息时选择更舒适的姿势。选择避震效果好的推车，大轮子的车比小轮子的更减震，有的车型带有弹簧减震功能。

3.易用性

　　应根据宝宝和自身情况选择适合的推车。想要推车省力，不出远门的，建议选择大轮的多功能推车；想要经常带宝宝外出远门或是开车出行，建议宝宝 6 个月以后选择轻便的伞车；对于较小的宝宝，可以选择带换向推行功能的推车，以方便照看。

婴儿推车安全使用tips：

❶ 使用前，要严格检查

使用推车前，必须严格检查车内螺母、螺钉是否松动，躺椅部分是否灵活可用，轮闸是否灵活有效等。

❷ 要给宝宝系好安全带

当宝宝坐在推车里时，一定要先系好安全带，并调整到适宜的高度，在解开安全带的情况下，不要让宝宝从车里站起来，以免翻车。

❸ 宝宝在车内，不要乘扶梯

每次停下推车时都要刹好刹车，当宝宝坐在推车里时，不要将车子抬起，或是放在电梯和楼梯上，以免发生意外。

❹ 定期清洗座椅

推车的坐垫要定期清洗，也要用湿布定期擦拭推车的金属及塑胶零件，保证推车的卫生干净，以免影响宝宝的健康。

 锋利的豆腐　**用手指量松紧**

宝宝坐在推车里面最重要的是安全，所以记得系紧安全带。松紧可以用手指测量法——调节腰部安全带的长短，以能放入大人四指为佳，调节部位的尾端能多剩出3厘米。

豆芽粉丝 **选择专用凉席，夏天防痱子**

夏天一热起来，豆儿连我都不想亲近了，更不要说长时间坐在厚厚的推车里。所以外出我选择推车专用凉席。试过好几种，还是亚麻竹炭材质更舒服，不会很冰，豆儿坐在推车里，外出再没出过痱子。

儿童安全座椅

汽车儿童安全座椅是带宝宝乘车出行的"安全保镖"，专门针对儿童年龄和体型设计，安装在汽车后排中间位置上，能在车内稳稳固定住孩子。安全座椅两侧的保护侧翼以及专为儿童设计的安全带，能有效减缓在紧急情况和车祸发生时对儿童的头、颈椎、四肢产生的冲击。

❶ 按年龄和体重选类型

儿童安全座椅基于儿童体重设计，年龄可作为参考。切忌买规格过大的座椅，只有合适宝宝体型的安全座椅才能起到良好的安全保护作用。

年龄	体重	建议选择类别	安装方式
0~9个月	9公斤以下	安全提篮	反向

年龄	体重	建议选择类别	安装方式
9个月~4岁	9~18公斤	五点式安全带，前置式	正向
3~7岁	15~25公斤	三点式安全带	正向
6~12岁	22~36公斤	安全坐垫	正向

❷ 根据车型配置选座椅类型

一款汽车儿童安全座椅并不适用于每一辆汽车，应结合自身车辆所具备的儿童安全座椅接口方式进行选择。目前儿童安全座椅的接口方式有三种：

安全带固定式 目前使用范围最广，安全带接口的固定方式其实就是汽车自身的接口方式，同时支持正向固定和反向固定两种形式。

欧洲标准的ISOFIX接口固定方式 具有两个与儿童座椅进行硬连接的固定接口。主要为欧洲销售车型标准使用接口，国内的部分合资汽车生产商会配备这种接口。

美国标准的LATCH接口固定方式 采用同时挂钩方式连接，且有三个固定点。主要为美国销售车型的儿童安全座椅固定方式。

注意：在安装儿童安全座椅时，有LATCH接口的汽车可以装ISOFIX接口的座椅，而仅仅有ISOFIX接口的汽车并不能安装LATCH接口的座椅。

❸ 现场体验安全性、舒服性

选择安全座椅，首先要考虑安全性，对于孩子来说，舒适度也很重要。建议购买时尽量带上孩子，让他亲身体验舒适度。

❹ 利用权威网站查真伪

购买知名品牌的安全座椅，其安全性更加可靠。查询真伪可搜索"中国国家认证认可监督管理委员会"网站，进入后找到"强制性产品认证证书公众查询"一栏，在查询"CCC"获证企业中，输入安全座椅产品制造商的具体名称即可辨明。

医生的叮咛 儿童安全座椅使用注意事项

王玉玮 山东大学齐鲁医院儿科教授

❶ 切勿安装在副驾驶

严禁把安全座椅安装在前排副驾驶位置上。一旦汽车发生碰撞，前排的气囊弹开可能会伤害到孩子，十分危险。若汽车后排也配备了气囊，在后排安装安全座椅的同时，应关闭后排气囊。

❷ 使用前检查座椅是否牢固

切勿因为怕孩子不舒服而将安全带绑得太松。没有绑牢固的座椅，在汽车发生碰撞时也可能将孩子抛出。每次应检查绑座椅的安全带是否按正确方式穿过且绑紧，许多安全座椅有锁定装置，也可以防止安全带滑动。

❸ 宝宝衣物不应穿太厚

冬季给孩子乘车应该先脱去厚重的外套。笨重的衣服在车祸中会被严重压缩，增加孩子受伤的风险，穿着厚外套的宝宝也很可能从安全带中脱出。

背带、腰凳

按照人体工学原理设计的背具，包括背巾、背带和腰凳。不同于推车，将宝宝背在父母的身上四处走，会让宝宝更有安全感，更加乐于探索；此外，父母也能及时了解宝宝的需求，更方便照料好宝宝。

婴儿背具选购技巧

1.按月龄选款式

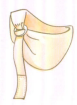

0~3个月：背巾

背巾的材质以布为主，柔软有弹性。款式主要分为无环和有环两种。无环背巾长度固定，有环的可以根据需求调整。在使用时，可以将一边的布拉过来，轻轻盖至宝宝上方，在哺乳时起到一定的遮蔽作用。

4个月以上：背带

背带外型固定，材质较硬挺，相对使用操作更简单方便，比较适合妈妈外出使用。在选购背带时，要注意其长度是否足够，能够完整保护宝宝柔软的颈部。

6个月以上：腰凳

造型上类似于背带，在背带的基础上增加了一个凳子的设计。妈妈可以将宝宝稳稳地放置于胸前腹部的位置，宝宝可以脸朝外观察外界环境。

2.看设计，安全最重要

背具之所以能够省力，主要是因为它的设计符合人体力学。受力带面较宽的款式更省力。大小应该适合宝宝的体型，尤其是腰凳，凳面过小会影响宝宝腿部发育，凳面过大会有滑落的风险。

3.摸一摸，看材质

摸一摸背具的材质是否柔滑，用料是否天然。购买背巾时可以拉一拉，有足够弹性的背巾才能更轻易地支撑起宝宝的身体；购买背带和腰凳时可以摸一摸布料材质是否光滑，以免剐蹭伤宝宝娇嫩的皮肤。

4.试一试，宝宝要喜欢

购买前，尽量带上宝宝去试坐一下，挑选最适合宝宝体型，且宝宝坐着舒服，不会抗拒的款式。

医生的叮咛 婴儿背具的使用注意事项

王玉玮　山东大学齐鲁医院儿科教授

01

按产品说明，
正确背宝宝

　　按照说明书正确使用背具，错误的用法可能会造成宝宝肌肉或骨骼受伤，或增加妈妈肩部和臂部肌肉的劳损程度，难以发挥其应有的效用。

02

需严格控制
使用时间

　　背具只能作为辅助工具，适用于出行不便或繁忙时，连续使用不要超过2个小时。

03

经常检查
产品质量

　　在每次使用前要养成进行安全检查的好习惯。背具上有不少扣环，确保每个扣环及接缝都牢固。检查背带的牢靠度，看针脚线是否有断开等。

儿童玩具

鲁迅曾说："玩具是儿童的天使。"

儿童玩具在孩子的成长过程中扮演着非常重要的角色，

它既是孩子的亲密玩伴，又是孩子的启蒙老师。

为孩子买件玩具不难，

但想选择一款适合宝宝的好玩具，却没那么简单。

不同年龄段儿童玩具推荐

处在不同发育阶段的孩子，心智发展程度有着明显的差异，低年龄的孩子玩高年龄段的玩具有可能会存在安全隐患。因此，家长挑选玩具时一定要根据宝宝年龄段做选择，这样才能发挥其应有的作用。

宝宝年龄	发育特点	玩具推荐
0~3个月	感知觉的初探索	摇铃、彩色小球、拨浪鼓、摇摇棒、床铃
4~6个月	精细运动的初发育	大积木块、小球、滚滚球、彩色木棍、布偶
7~9个月	精细运动快速发育	积木盒、拼插木棍、下蛋小鸭、爬行隧道、拖拉小车、不倒翁
10~12个月	粗大和精细运动持续发育	布书、套圈或套塔、小鼓、塑料皮球、推行车、积木盒
1~2岁	认知和语言水平持续发育	搭建类积木、形状盒、配对盒、游戏棒、串珠、绘本、蜡笔、小黑板、小型足球、简易拼图
2~6岁	孩子各项发育大致完善	创造性搭建玩具、雪花片、彩泥、剪纸、绘本、彩笔及画纸、各种球类、滑板车、自行车、小型篮球架、过家家玩具、拼图、模型、沙滩玩具、戏水玩具

专家的叮咛 **儿童玩具选购技巧**

袁宗金 江苏省幼儿教育管理专业委员会副主任

1.看吊牌和包装

注意玩具安全性。一定要挑选安全、无毒和符合卫生标准的儿童玩具。看玩具上的标注和安全警示语，如水中玩具，商家会对没有救生作用的玩具做出标明，还有一些标注如"不适合某某年龄段儿童使用""本产品严禁食用"等，家长一定要仔细阅读注意事项和使用说明书。

勿购买"三无"产品。最好在正规商场或专门的儿童品牌玩具店购买合格玩具。购买前，要仔细查看玩具是否标注了生产厂家名称、厂址、电话，主要材质或成分，使用规范，安全警示语，以及是否有产品合格证。

查看有效日期。有的儿童玩具就像食品一样具有有效期，家长选购儿童玩具时，务必要仔细看好有效日期，避免挑选的玩具超出了使用时限而有安全隐患。

2.闻气味，试材质

合格的玩具不会有明显刺激性气味。含有填充物的玩具尽量选择有机PP棉类型的。对于含有油漆的玩具可以查看油漆溶剂的质量。

3.看细节，测安全

通过试用和询问了解玩具的功能和可能存在的危险。观察玩具的细节部位，用手摸或是捏看玩具是否坚固，有无尖锐点，是否有易松动脱落的细小部件，是否存在危险的活动间隙。

妈妈经验谈

喵喵猫爱喵　**玩具多，收纳箱来帮忙**

宝宝从小到大，玩具会越来越多，如何整理是个头疼的事。妈妈不妨多准备一些收纳箱或收纳袋，将相同材质、大小的玩具归类放在一起。我也会邀请宝宝一起来整理，锻炼他的归纳能力。

青青河畔草　**让宝宝和玩具成为好朋友**

不少宝宝喜欢把玩具扔一地，此时妈妈可以试试这个小方法，告诉宝宝："玩具被扔后很难过，在哭呢，我们一起来把它们送回家吧！"小宝宝认为一切物体都是有生命的，会对玩具产生同情心，从而更加爱惜玩具。

闪耀浅啼媄　**清洗玩具，我有小妙招**

玩具可以说是宝贝最亲密的小伙伴，天天一起玩耍，所以一定要定期清洗。不同材质的玩具也有不同清洗方法哦！

塑料玩具： 肥皂水、漂白粉、消毒片稀释后浸泡，半小时后用清水冲洗干净。

木制玩具： 肥皂水浸泡后用开水烫洗。

纸制玩具： 放在太阳光下暴晒，紫外线消毒杀菌。

毛绒玩具： 可装入大塑料袋中，倒入粗盐，封紧袋口，上下左右来回晃动干洗玩具；也可以水洗后暴晒消毒，但需注意要间歇轻拍玩具，保证其蓬松度。

金属玩具： 先用肥皂水擦洗，再日晒即可。

童装童鞋

俗话说，人靠衣装。给孩子挑选衣物，

几乎是所有妈妈们最热衷的事情之一。

但市场上的童装童鞋琳琅满目，面料、颜色、款式等变化多样，

你知道该如何选择吗？选购童装童鞋既要好看，

又要穿着舒适，关键还要保证品质安全，不能损害孩子的健康。

童装

宝宝除了出生和洗澡时光着小身子，其余的时间都是需要可爱的小衣服遮盖身体。宝宝的衣物，一来可以起到保暖的作用，二来可以防止外界对宝宝皮肤和私密部位造成伤害。而宝宝的皮肤娇嫩又敏感，选择适合宝宝生理发育特点又健康安全的服装就显得尤为重要。

挑选童装是个"技术活"，妈妈们要充分考虑孩子的生理特点，遵循柔软、舒适、透气、安全、穿脱方便等几大选购要点。

观察外观是选择童装的第一步。选购要童装符合孩子的年龄、身材、喜好。另外，可先通过对面料颜色和工艺细节的观察，初步推断出衣服的优劣，更要仔细观察服装的吊牌信息是否真实、齐全。童装的式样既要体现出孩子活泼、生动的特色，也要尽量简洁大方，易于孩子穿脱。

注意： 3岁以下的婴幼儿服装，必须标明"婴幼儿用品"（A类），而且必须标明"不可干洗"或者圆形带叉的图案。

选购童装时，妈妈们一定要仔细闻一闻，如有刺鼻的异味，则有可能是甲醛超标，或是服装生产后在整理过程中有染料遗存等内在质量问题导致的。

问 选购时，不仅要向导购询问价格，更要问清楚服装的面料成分。建议选购具有透气性强、散热性好、吸湿等特点的纯棉童装。

摸 这主要考查面料的质量，如果摸上去手感粗糙，且质感较硬，妈妈们就尽量不要购买。这样的面料，宝宝穿起来会不舒服，甚至还可能存在安全问题。

医生的叮咛 **童装选购注意事项**

王玉玮 山东大学齐鲁医院儿科教授

1.面料：宜全棉，忌化纤

婴幼儿肌肤非常娇嫩，最好选择柔软的全棉面料，能温和地接触宝宝肌肤，起到很好的保护作用，同时全棉面料具有很好的透气性，不会妨碍汗气的蒸发。而化纤面料往往较硬，容易刮伤宝宝皮肤，且不易蒸发汗气，有些还可能会引起宝宝皮肤过敏。

2.颜色：宜淡色，忌鲜艳

童装，特别是内衣，其颜色应尽量选择淡色系的。颜色特别鲜艳的布料往往含有较多染色剂残留，容易导致宝宝患皮肤病，因此选择时应慎重。同时也应注意，一些过于发白的衣料其实是添加了对人体有害的荧光剂，需要妈妈们在选择时加以辨认。

3.做工：宜精细，忌粗制滥造

衣物的制作应精巧细致，缝合仔细，无赘余线头，这样才能保证宝宝穿着舒适，不被粗制的衣料刮伤。

4.款式：宜宽松，忌紧绷

童装应以宽松自然的休闲服装为主，忌紧绷。宝宝好动，若穿的衣服过紧，将不利于他四肢的舒展和活动。同时应选择易穿脱的衣服，如夹克衫、开门襟的松身衣、连衣裙、背心等，对年幼的孩子来说比较实用，三四岁大的孩子则可选择套头衫、运动服等。

开裆裤不适合已能爬、能走的孩子穿，尤其是女孩的尿道短，外阴部暴露后会引起尿路感染。

注意：这些衣物，别买！

带拉绳的帽衫
已经有不少孩子由于衣服的拉绳被游乐设施、自动扶梯等器械勾住，导致被勒伤、勒死。

带装饰物的衣服
装饰物是潜在危险，容易被宝宝用手抠掉放进嘴巴或鼻孔里，引发意外。

带拉链的裤子
除了拉锁容易被卡在布料里之外，小男孩的生殖器也容易被拉链夹住，造成不必要的伤害。

紧身衣裤
孩子正处在长身体的时候，这时候需要的是宽松的衣服。紧身衣裤不吸汗也不透气，很容易造成孩子皮肤过敏、发炎等症状。

妈妈经验谈

橙子　　**新衣服要洗完再穿**

给宝宝新买的衣服一定要过水清洗，千万不要偷懒。因为新衣服上都会有一些残留的甲醛（甲醛有固色防皱的效果），甲醛溶于水，洗的时候可以加入洗涤剂，杀菌消毒。当然，也可以放入食盐，还有防褪色的效果哦。

紫若秋芙　　**胖瘦宝宝选衣大不同**

给宝宝选择面料舒适的衣服固然很重要，但我也很注意色彩的选择，比如：胖宝宝建议选择冷色调的童装，有收缩显瘦的作用，而偏瘦弱的宝宝则宜选择暖色的衣服，能给人一种向外扩展，充满活力的感觉。

小蜗牛　　**开衫类线衣好穿脱**

秋冬季给宝宝挑选线衣，建议选择开衫类的，易穿脱。而到了我家宝宝这样大一些的年纪，我会给她穿宽松点的小高领，既能护住颈咽部不着凉，也不至于领口太高，让她不舒服。

童鞋

宝宝的小脚丫发育迅速，在不同的年龄阶段，宝宝脚部的生长发育特点有着明显变化。因此，宝宝鞋子则需要迎合不同年龄阶段宝宝的小脚丫，这样才能够让宝宝的脚部舒适，足弓发育不会受阻。

童鞋的分类及选购技巧

类别	年龄	说明
婴儿起步鞋	15个月前	婴儿刚出生没多久穿的鞋子，主要起保暖作用。起步鞋的颜色不能太鲜艳，因为颜色鲜丽的材料可能含有重金属或者有毒化学物质。要注意检查线头，线头没处理好会缠住孩子的脚趾，容易造成脚指头血液循环不畅，严重时甚至会导致溃烂。
幼儿学步鞋	15~24个月	宝宝学习站立行走时穿的鞋子。学步鞋要求鞋面要软，鞋底应软硬适中。过硬的鞋子，宝宝走路容易累，太软的鞋子，宝宝走路容易扭伤。选择粘贴固定款鞋子最好，这个年龄段的孩子不会系鞋带，一旦鞋带散开就容易绊倒摔跤。

类别	年龄	说明
幼儿稳步鞋	2~5岁	孩子逐渐学会走路，开始上幼儿园时穿的鞋子。稳步鞋的鞋底最好选择较硬的，因为宝宝需要经常穿脱鞋。同时注意鞋子的大小肥瘦，如果孩子脚太瘦，穿肥大的鞋子走路会不稳，甚至容易扭伤；如果孩子脚太肥，鞋子太小，就会挤压孩子脚部，造成不适，更有可能影响双脚的发育。
儿童走步鞋	5~12岁	一般是上小学后穿的鞋子。选购走步鞋要注意保护儿童踝关节和足弓，考虑透气性。走步鞋鞋面要柔软适度，鞋后部要硬点，可保护踝关节，若太软容易崴脚。同时要注意鞋子中心的弯曲点，保证有足够的支撑力，才能起到保护足弓的作用。

医生的叮咛 童鞋选购注意事项

王玉玮 山东大学齐鲁医院儿科教授

1.忌瘦小，宜宽松

不要买瘦小的鞋子，鞋子穿上要稍微宽松些，以能塞进一个指头为宜。因为儿童的肌肉和脚骨十分嫩软，童鞋太小会影响脚部肌肉和韧带的发育；太大又难以掌握重心，会影响孩子活动和行走的正确姿势。

2.忌皮革，布鞋优

孩子上小学前，应优先选择轻便、透气性好、穿着舒适的布鞋，最好不要买皮革的。因为学龄前儿童足部血管神经正在发育，穿皮鞋可能会压迫局部神经血管，影响脚趾、脚掌的生长发育。

3.忌高跟，要平底

不要选购脚跟部位厚实或分量太重的鞋子，以平底为宜。平底鞋有利于保护宝宝正常足弓，不易引起肌肉和韧带劳损。而带跟的鞋会使身体中心偏移，易产生屈膝、翘臀、弓腰等不良症状，太重的鞋则有可能引起宝宝脚踝和肌肉的损伤。鞋子的鞋帮处不宜过低，需要护住宝宝脚踝，走路时不易扭伤。

4.忌过软过硬，要适中

宝宝的鞋子，鞋底不能过软过硬。鞋底太软，宝宝走路使不上劲，而鞋底太硬，宝宝走路会不舒服，脚面会痛。弹性好、减震性高、防摔防滑的牛筋底为首选，厚度在5~8mm为宜，鞋底的弯曲程度不宜过大。

咪咪　**鞋子包白纸，可以防泛黄**

宝宝有一些淡色的鞋子，要定期清理。洗干净之后，可以在鞋面上包上卫生纸，鞋子会变得更干净哦。如果平时不穿的话，将鞋面包上卫生纸，可以防止鞋子泛黄呢。

小小林　**鞋子不能烘干，要自然晾干**

给宝宝清洗鞋子，最好不要用吹风机吹干，我家宝宝之前的鞋子就是因为总用吹风机吹，就脱胶了。鞋子最好还是晾干，除非是那种棉鞋全湿了，再考虑烘干吧！

妈妈用品

从备孕到生娃，是女人到母亲的一个"蜕变"过程。无论是女汉子还是白富美，在面对生育这件大事时，都要变成细心地软妹子，悉心爱护自己的身体。然而，身边热心的亲朋好友总会给你各种"友情提醒"，很多平时常用的生活用品似乎都成了禁忌。那么，究竟哪些用品才是妈妈们的最佳搭档呢？

洗护用品

妈妈洗护用品一般是指一些常见护肤品、
卫生护理用品、漱口水等。和妊娠前不同，
孕妈和哺乳期妈妈对于这类用品的品质要求更严格，
一些含有不利于胎儿或宝宝发育的产品不宜继续使用。

护肤品

孕期至哺乳期，随着内分泌的改变和抵抗力的下降，妈妈的皮肤防御能力也会随之降低，变得敏感。然而考虑到腹中胎儿和仍需母乳喂养的宝宝，妈妈在选购护肤品的时候也需要谨慎，尽可能选择纯天然成分的安全护肤品，进行十分有必要的护肤工作。

① 看清孕产期、哺乳期禁用护肤成分

妈妈护肤品是指不含重金属、酒精、激素、矿物油、化学防腐剂和化学香料，对胎儿/宝宝和孕妇无伤害的护肤品。包装成分表中常见含以下几种成分的护肤品，尤需注意，切勿使用：

孕产/哺乳期护肤禁用成分

成分	显示字样	不良影响
水杨酸	Salicylicacid，Beta hydroxy acid，BHA，中文B酸，水杨酸	水杨酸主要出现在祛痘类的护肤品中，大量使用会致胎儿畸形。
过氧化苯	Benzoyl Peroxide，中文过氧化苯	过氧化苯主要也是出现在祛痘护肤品中，动物实验显示也有致畸胎性。

成分	显示字样	不良影响
维A类	Differin (adapelene)，Retin-A，Renova (tretinoin)，Retinoic acid，Retinol，Retinyllinoleate，Retinyl palmitate，Tazorac and avage (Tazarotene)，维A，维A酸，A醛，A醇，视黄酸	包括维A酸、维A脂及维A醛。维A脂和维A醛在皮肤内都可转化成维A酸，而维A酸会增加胎儿的致畸率。
AHA果酸	Alpha Hydroxy Acids（AHA），果酸	主要存在于去角质的护肤品中，同样会影响胎儿发育。
精油类	Lethicin，Isoflavone，puerariamirifica，kudzu，hops，red clover，glary sage精油，sweet fennel精油，sage精油，Phosphatidylcholine，Soy，Textured vegetable protein (TVP)，卵磷脂，磷脂酰胆碱，大豆，佛手柑油	很多精油有通经、引起宫缩的效果，对胎儿不利，应避免使用。

② 选择适合自己肤质的护肤品

干性皮肤 需要用温和的洁面用品，并且配合滋润保湿的水乳霜，每周定期敷补水面膜。

油性皮肤 油皮的护肤重点不仅仅是控油。除了选择清洁力较强、控油的洁面用品外，补水与保湿也不容忽视，千万不要因为皮肤爱出油而放弃补水保湿，否则皮肤会因缺水分泌更多油脂以平衡肌肤状态。

中性皮肤 中性皮肤做好护理，只需要选用保湿效果较好的护肤品即可。

混合型皮肤 对爱出油的T区，要定期使用深度清洁控油的洁面产品，而对于其他部位，则使用补水保湿产品即可。

敏感型肌肤 尽可能选择天然配方的护肤品，也需要避免长时间风吹日晒。外出时需使用温和的防晒霜，做好防晒工作。

③ 不使用功能类护肤产品

所谓功能类护肤产品，一般是指具有美白、祛斑、祛痘等功效的护肤品。这类护肤品中，会含有过氧化苯、汞等对胎儿/宝宝或孕妈有害的化学物质甚至是重金属成分，应当避免使用。

医生的叮咛 **妈妈护肤注意事项**

金红梅 中山医院青浦分院妇产科主任医师、副教授

清洁

孕妈肌肤娇弱，选用温和的洁面产品清洗面部，是护理的第一步。

保湿

孕期妈妈的皮肤角质层会增厚，使得面部干燥，更易老化。因而在清洁后应选用天然植物类护肤品给肌肤"喝水"，同时也能预防痘痘。

防晒

孕妇的肌肤对光更敏感，所以外出需要尤其注意防晒。使用遮阳伞、防晒服等产品进行物理防晒的同时，也需使用孕妇专用防晒霜。

控斑

孕期不宜使用含铅、汞的美白产品，但有些孕妇在孕期身上会出现难看的色斑，同样可以选用成分天然的产品以控制色斑的发展。

祛妊娠纹

随着孕中后期胎儿的迅速长大，妈妈的大腿、臀部以及腹部很容易长出难看的妊娠纹。妈妈可在孕中期开始使用天然、有机的孕妇按摩油，以预防和减少妊娠纹的产生。

默语姑娘　**妊娠纹在孕前就要开始防**

我从备孕开始，就比较注重锻炼腰腹了，为的是增加腰腹的肌肉力量和皮肤弹性，也会降低妊娠纹产生的概率。然后，在大约孕 3 月的时候，开始给肚皮、大腿、胳膊处坚持抹防妊娠纹油，一直坚持到宝宝出生。这样做，真的没长妊娠纹哦。妊娠纹一定要提前预防，千万不要等出现了才后悔，那时候就来不及啦。

娇憨妈妈　**孕期一晒就长斑，出门必须防晒**

我感觉周围的准妈妈都不太在意防晒，可是防晒真的很重要啊。孕期皮肤特别敏感，出门稍微晒晒太阳就会长斑……我每次出门都会用物理防晒的产品抹一层，至今没有长斑。而其他没做防晒的姐妹们就没那么幸运了。

产妇卫生巾

分娩后子宫蜕膜脱落，含有血液、坏死的蜕膜组织等经阴道排出，被称作恶露。恶露一般持续4~6周左右，由量较多的血液逐渐变成黏液，属于正常的生理现象。因此，产后的妈妈们都需要用到产妇卫生巾。

产妇的生理状态和普通女性完全不同，而不少产妇都不知道，使用产妇专用卫生巾可以减少生殖道感染的概率。相比普通卫生巾，产妇卫生巾有以下几个区别：

	产妇卫生巾	普通卫生巾
目的	吸收恶露	吸收经血
材质	棉状纸浆和高分子吸收体	棉、不织布、纸浆或以上材质的合成纤维
舒适度	针对产妇需求设计，更长、更柔软透气	有侧边设计，但容易摩擦大腿内侧的鼠蹊部，引起不适

① 选型号

产妇卫生巾是针对产妇的恶露设计的，但随着时间的推移，恶露的颜色和量都会改变，因而妈妈也需要根据实际情况选择合适的产品：

恶露性状	持续时间	产妇卫生巾使用指南
血性恶露	产后3~4天	L号卫生巾与产褥用卫生裤配合使用，以应对大量血性恶露
粉色浆液恶露	产后5~10天	M号卫生巾与产褥用前开内裤配合使用
黄、白色恶露	产后10~21天	S号或Mini号卫生巾与产褥用前开内裤配合使用

可以从上表中看出，产妇卫生巾的型号与产妇体型无关，是分别应对恶露的三个不同时期。所以在购买产妇卫生巾时，每一种型号都需要准备一些。L号的可多备点，因为产后前几天的恶露较多，需勤更换。

② 看材质

孕妇卫生巾也分干爽网面和棉柔面。夏季使用棉柔型产妇卫生巾需注意更换频率，皮肤敏感的妈咪，建议用刺激更小的棉柔型产妇卫生巾。

妈妈经验谈

小考拉　**顺产侧切不建议用产妇卫生巾**

　　我是夏天顺产的，不过有侧切。医生建议我最好不要用产妇卫生巾，说是怕侧切伤口不透气，对恢复不好。所以前期我就用的产褥垫，到后期伤口好得差不多了，才用产妇卫生巾的。

亮亮　　**产妇卫生巾要勤换**

　　产褥期还是要勤换产妇卫生巾的哈，就算是剖腹产或者没有侧切的妈妈也要勤换。一来是让私密部位透气，二来也可以及时观察恶露的情况哦。话说个人感觉备20片足够，别买太多，之后可以换普通卫生巾。

乳头修复霜

很多新手妈妈在给宝宝母乳喂养时，会出现乳头皲裂的现象，严重者可能会出现流脓、流血的症状。这也会使妈妈们在给宝宝哺乳时要忍受钻心的疼痛。这时候，就需要保护乳头的利器——乳头修复霜登场了。那么，乳头修复霜要如何选择才能有效保护乳头，又不会伤害到哺乳期宝宝的健康呢？它具体的使用方法又是怎样的？

 乳头修复霜的选购技巧

1. 检查配方
配方需以天然成分构成。一般来说，乳头修复霜的主要成分为羊毛脂，它可以覆盖于皮肤表面形成一层油性薄膜，防止皮肤水分流失。如果修复霜中还添加了维生素 E 那就再好不过了，因为维生素 E 可以促进毛细血管再生，促使创口愈合。

宝宝直接接触的乳房用品，一定要选择可信赖的大品牌。另外，在产品包装上，一定要查看是否标有哺乳期女性适用。另外，需要检查外包装是否完整，有无生产批号、质量合格标识、生产商家及生产厂地等详细信息。

2. 检查品牌及包装

医生的叮咛 **乳头修复霜使用方法**

金红梅 中山医院青浦分院妇产科主任医师、副教授

乳头修复霜不仅可以治疗乳头皲裂，也可以预防乳头干燥和发红。它的使用一般分为以下3种情况，情况不同，使用的方法也会有些许不同，妈妈们需要对号入座。

1.孕期护理

孕期其实就可以开始对乳房和乳头的护理了，长期坚持使用乳头修复霜，在日后哺乳时，可有效预防乳房和乳头干燥，保持皮肤弹性。

使用时间：乳房清洗后或乳房按摩前。

用法：

1 用温水清洗乳头上的污垢，不要使用酒精、肥皂等清洁产品。

2 均匀涂抹薄薄一层乳头修复霜在乳晕和乳头上。

3 涂抹后，进行适当按摩。按摩力度不宜过大，以免引起宫缩。

2.预防产后乳头发红、干燥

产后的那几天，为了能够顺利开奶，通常会让宝宝频繁地吸吮乳头。乳头上的天然体脂就很容易被消耗，出现乳头发红、干燥的症状。这时，也可以用乳头修复霜来缓解这类症状。

使用时间：产后数天，乳头发红时。

用法：

1 挤出少许乳头修复霜，用手指温度将其乳化，在乳头上涂上薄薄的一层。

2 待到修复霜被乳头差不多吸收，再覆盖上衣物。

3 防止宝宝吞食修复霜，可选择哺乳或溢乳后使用。

3.治疗乳头擦伤、皲裂或出血

当妈妈的乳头已经出现擦伤、皲裂或出血现象时，需要及时使用乳头修复霜，以给乳头增加保护层，促进乳头自我修复。

使用时间：哺乳期乳头擦伤、皲裂、出血时。

用法：

1 用沾湿的毛巾或纱布，轻轻擦拭伤口。

2 取较多的乳头修复霜，用手指温度乳化，在乳头上涂抹厚厚的一层。

3 涂抹完后不要立刻覆盖衣物。

4 如果乳头皲裂严重，可暂时使用吸乳器代替亲喂，给乳头足够的修复时间。

源儿妈　**涂抹前，先用毛巾敷一敷乳房**

　　我都会先用温毛巾敷一敷乳房，补充水分，再用干净的手指取少量乳头修复霜，轻柔地涂抹乳头区，轻拍按摩，促进吸收，缓解不适。如果宝妈实在担心修复霜会被宝宝吞咽肚子里，那就哺乳后使用，然后哺乳前清洗一下。

饼饼头　**温水泡一泡，修复霜使用更顺畅**

　　很多乳头修复霜是纯羊脂膏，它的质感厚重，气温低的时候会变得比较硬。秋冬季节使用前可以用温水浸泡或温热毛巾捂一会，变软即可顺畅挤出。

漱口水

　　月子期，新妈妈们体内的激素水平高，再加上进食频繁，长时间卧床，口腔易充血，此时的牙龈更为娇嫩，需要加倍呵护。建议随身携带一瓶漱口水，在每次用餐完毕后及时漱口，时刻保持口腔内的清洁卫生，预防牙周炎。

1 看成分——成分要安全

选购漱口水时，认准成分中的稳定性二氧化氯，它是国际公认的无毒灭菌机，安全可靠。而含有丁硼、硼砂、抗生素成分的漱口水，请拒绝购买，会对孕妇及胎儿健康造成影响。

2 看功效——不同功效对应不同需求

孕妇漱口水也分不同的功效，有保健型及治疗型两种。保健型漱口水大多只具备消毒和除口气的效果，而治疗型的漱口水则会具备减轻、控制牙齿发炎等症状的功效。因此，在选购漱口水时，妈妈们需要根据自己的需求，来购买对应功效的漱口水。

3 选口味——温和不刺激

建议选择果味的漱口水。果味漱口水相对温和不刺激，且味道更易接受。

医生的叮咛 **妈妈口腔护理注意事项**

金红梅 中山医院青浦分院妇产科主任医师、副教授

1.孕期进行口腔检查

孕期，口腔问题通常会因激素改变而发展较快。因此，需要定期检查口腔，将口腔小问题扼杀在摇篮里。如果出现较为严重的口腔问题，应该在孕中期进行安全治疗。当然，在孕前进行口腔检查并将口腔问题悉数治愈，也是非常好的选择。

2.早晚要刷牙，牙刷需选软毛的

孕期产后一定要注意口腔卫生，养成科学的口腔护理习惯，做到每天早晚两次有效刷牙。在选择牙刷时，可以选小头软毛的牙刷，防止牙刷刷头过硬，伤害孕期产后敏感的牙龈。

3.漱口水不能代替刷牙

不要因为使用漱口水便不再刷牙，漱口水只能抑制口腔细菌，而刷牙在抑制口腔细菌的同时，还能刷掉牙缝中较为顽固的食物残渣，避免牙结石的产生，更有效保护牙龈健康。

哺乳用品

在生命的最初6个月，需要对婴儿进行纯母乳喂养，

以实现婴儿的最佳生长、发育和健康状态。

随后，在满足宝宝不断发展的营养需要、添加辅食的同时，

也应继续母乳喂养至2岁以上。当今社会快节奏的生活方式，

给新妈妈大大增加了哺喂难度。

而适当地使用哺乳用品不但能保证母乳喂养顺利进行，

还能方便哺乳和减轻哺乳时的不适。

吸乳器

传统的手工方法在挤奶的过程中，奶液完全与空气直接接触，容易受到感染。吸乳器是一种可以帮助宝宝时时刻刻喝到母乳的辅助型工具，其在密闭的环境中操作，相对而言更卫生、方便，一般适用于尽管在坚持工作但仍希望坚持给宝宝母乳喂养的妈妈。

吸乳器的类别

吸乳器分为手动和电动两种类型，妈妈可以根据自身条件购买：

	电动型	手动型
款式	刺激奶阵和不可刺激奶阵；单泵和双泵	按压式、简易橡皮球吸方式和针筒式
价格	偏贵	经济实惠
便捷性	释放双手更省力，但难控制吸力，携带不便	使用较耗力，但可控制吸力，使用更舒适，携带方便
建议	职场妈妈，需忙里偷闲地从工作中挤出时间来吸乳，建议选择全自动吸乳器。	全职妈妈，偶尔需要吸出一些乳汁，以便在外出时，让家人喂养宝宝，建议选择手动吸乳器。

1.舒适最重要

　　吸乳器应选择妈妈使用时感到舒适的，尤其是确保不会对乳头造成疼痛感，这点非常关键。在选择时，可以观察吸乳器的吸乳护罩的外形，是否贴近乳房，是否足够柔软，吸乳护罩的材质应当以柔软的硅胶为佳。

2.吸力要适宜

　　应选择吸力适宜的吸乳器，若吸力太弱，将没办法将乳汁吸出；若太强，使用后妈妈的乳头可能会有疼痛感，因此最好选择带有自动调节吸力、时间的吸乳器，这样新妈妈就可以依据自己的实际情况和感受调节使用。

3.看需求选款式

手动or电动

　　手动吸乳器推荐不常使用吸乳器，可以长时间亲喂的全职妈妈，以便偶尔离家出门时不时之需。同时，手动吸乳器可以根据自身的需求，随时变换吸乳的节奏和力度，比较方便掌控。

　　电动吸乳器则推荐职场妈妈需要每天背奶时使用，可以省时省力，省去自己需不停按压吸乳手柄的烦恼。当然，对于怕麻烦的妈妈同样也可以选择电动吸乳器，这样就可以解放你的双手啦。

单边or双边

　　电动吸乳器分单边和双边两种类型。单边吸乳器较双边的有明显的价格优势，持家有道的妈妈可以选择，但是单边吸乳器吸乳耗费时间，毕竟你需要吸完一边再去吸另一边。双边吸乳器虽然价格略贵，但是可以两边乳房同时吸乳，节省一半时间。在时间就是金钱的职场中，双边吸乳器是职场妈妈很不错的选择。另外，双边吸乳可以同时吸乳，且两侧乳房吸出的乳量也基本相同，可以避免妈妈们两侧吸乳不均造成的大小胸状况。

医生的叮咛 吸乳器的使用注意事项

金红梅 中山医院青浦分院妇产科主任医师、副教授

1 准备吸乳前要先洗手，并清洁吸乳器，保持卫生。

2 温和、放松的状态有利于乳汁的流出，需选择一个不会被打扰的悠闲时间。

3 吸乳前可用热毛巾热敷乳房几分钟，并进行刺激乳晕的按摩，使乳腺充分扩张，有利于乳汁流出，且还能减轻疼痛。

4 按照符合自身情况的吸力进行吸奶。手动吸乳器可随时自我调节，电动吸乳器则可以调节档位，变换吸力。

5 在乳房和乳头有明显疼痛感的时候，请停止吸奶。

6 已经冷藏超过72小时的母乳需要清理掉，另外也不要将冷藏的母乳和新鲜的母乳混合在一起喂哺。

妈妈经验谈

星满妈咪　**单边吸乳器要勤换边**

使用单边吸奶器要勤换边，两侧乳房交换着吸。我是每边各吸上两三回，这样能保证两侧的泌乳量一致，也不会导致乳房一大一小。

小阔麻麻　**吸乳时间和母乳喂养时间保持一致**

每次吸奶的时间尽量保持和每次母乳喂养的时间一致，一侧至少10~15分钟。上班后我也坚持，每2~3小时就吸一次奶，每次单侧也至少要10~15分钟，这样才能更好地模拟宝宝吃奶的频率，背奶更顺畅。

杨果妈咪　**吸奶时心情要放松**

吸奶时心态要放松，我常常一边上网一边吸奶，看上几个网页后一瞧已经吸了好多了。要是一直盯着刻度线，反而不太容易吸出来。

苏小苏　**尽量排空乳汁，以防乳腺炎**

我的奶水比较多，有几次犯懒，只吸了够宝宝喝的量，就去忙工作了。结果晚上乳房就开始胀痛，应该是乳腺炎了。所以妈妈们一定要在吸奶的时候尽量排空自己的母乳，可以有效预防乳腺炎。

防溢乳垫

哺乳期的妈妈在外出行时，难免遭遇渗乳尴尬，防溢乳垫正是为此而设。它的内侧通常使用高吸收的材料制成，将过量溢出的乳汁牢牢吸收，外侧的透气防水层还可以保证文胸的干爽，是妈妈必备的贴身用品。

防溢乳垫按使用方法可分为：可洗型、一次性型。

类型	优势	劣势
可洗型	环保经济，可反复使用，一般来说质地都具有亲肤透气的特点。	需要及时清洗，且奶渍的清洗不是非常方便。
一次性型	轻薄小巧，背面有固定位置的粘胶，使用和携带方便，一次性使用，无需清洗。	长期使用成本较高，皮肤敏感的妈妈可能会对某些材料过敏。

不同材质的防溢乳垫间也存在着差异：

材质	优点	缺点
全棉	吸水性佳、亲肤透气	需及时清洗
拉绒棉	柔软舒适、吸水量大	略厚、有掉絮情况、价格高

材质	优点	缺点
无纺布	干爽、透气	需勤换
涤纶	清洗方便、价格实惠	不透气
高吸收聚合体	贴身、透气性强、价格实惠	需及时清洗

防溢乳垫选购技巧

1.不同类型妈妈，可以有不同选择

敏感肌肤妈妈：建议选择棉质的防溢乳垫，可以预防皮肤过敏。

奶牛妈妈：奶量大的奶牛妈妈，需要选用吸收量大的防溢乳垫。拉绒面材质的防溢乳垫较为厚实，是几种材质中吸收量最佳的乳垫，用它就可以避免乳汁渗出的尴尬了。

职场妈妈：一次性防溢乳垫方便更换，对于在工作中的哺乳妈妈是一件必备的神器。更换一次性防溢乳垫时，时间短，速度快，同时干净卫生，可以让妈妈的胸部时刻保持清爽。

全职妈妈：在家中换洗较为方便，全职妈妈就可以选择可换洗的防溢乳垫，这样既经济又环保。

2.柔软、能吸、透气，让胸部更舒适

　　无论选择哪种材质的防溢乳垫，柔软、能吸、透气这3大要素都是一款优质乳垫必备的。在挑选防溢乳垫时，最好是能够直接触摸样品，能有更加直观的感受。哺乳期妈妈的乳房十分敏感，如果长期处于粗糙、闷湿的环境中，会摩擦乳房肌肤，滋生细菌。

3.防滑胶带数量多，可避免滑落尴尬

在选择防溢乳垫时，建议选择后背防滑胶带多的乳垫，这样即使乳垫已经吸收了很多乳汁，也能牢牢黏贴在文胸内，不会出现滑落的尴尬。

妈妈经验谈

小甜甜　**乳垫要勤换**

防溢乳垫记得勤换呀，千万别懒。我一般3~4小时换一次，要时刻保持乳房干爽，要不然会滋生细菌，对宝宝健康不好哦。

古月萌萌　**拿掉乳垫时，用毛巾擦一下乳头**

泌乳量少的时候单侧胸部垫一片就可以了。如果喂奶的时候另一侧胸奶水分泌得多，可以多垫一片。最好在拿掉防溢乳垫的时候，用毛巾或者无菌湿巾擦拭一下乳头和乳晕，再喂奶或者吸奶。记得保持干净，卫生！

靓靓真阔爱　**自制乳垫效果一样好**

我没有买防溢乳垫，都是自己做的哈。只要准备卫生纸和宝宝隔尿垫，就能做啦！具体的步骤网上都有，使用效果也很好，能吸而且不反渗。

储奶袋

背奶或者奶水过多的妈妈，在用吸乳器将母乳吸出之后，都需要使用储奶容器将母乳进行冷藏或者冷冻保存。储奶袋作为比较常见的储奶容器，以方便、卫生著称，为很多哺乳妈妈所用。

1. 看材质选品牌

市面上的大多数储奶袋材质以聚乙烯为主，即我们通常所说的 PE。有些储奶袋上会标注材质 LDPE 或 LLDPE，其实这两种材质也归属于聚乙烯，只是密度和结构有些差别，在安全性上没有太大差别。有的储奶袋还会加入 PET，使它的阻隔性更好一些。这些材质本身都没有问题，关键要看添加剂是否安全。当然要想质量有保障，挑选知名大品牌肯定不会错。

储奶袋会根据容量不同而分为不同规格，妈妈们可以根据自身需求来挑选。储奶袋需要保证绝对密封，防止漏奶现象发生，同时良好的密封性也能保证外部细菌无法进入储奶袋之中。因此在选购储奶袋时，可以加水试验其密封性如何，如果漏水，请放弃选购。

2. 看规格测密封

母乳的解冻和加热

❶ 冷藏母乳

可放置于温水（水温不超过37℃）中加热。

❷ 冷冻母乳

可提前一晚放在冰箱冷藏室解冻，再置于温水（水温不超过37℃）中加热。

注意：不要使用微波炉解冻或加热母乳，会使母乳受热不均。加热后的母乳也不要再次冷藏贮存。

母乳可以储存多久？

	储存时间	储存温度
室温	4~6小时	19℃~26℃
冰箱	不超过72小时	4℃或更低温度
冷柜	6~12个月	零下20℃~零下18℃
解冻的母乳	请勿将母乳放于冰箱内超过10小时，请勿二次冷冻	

*母乳需放置在冰箱内及时冷藏，请勿放置在冰箱门上的放置架上，避免经常开门接触室温。

大欢子　**储奶袋一定要做标记**

大家一定要记得，在储奶袋上标上储存时间和储存量，千万别犯懒。解冻使用母乳的时候，先用时间较早的母乳，以免造成浪费。我已经因为没写日期和奶量，分不清储奶袋，浪费了好几袋母乳了。

穿着用品

处于孕产期的妈妈，身体各部位会发生明显的变化，
例如胸部变大、体型水肿等，而日常使用的内衣已经不再合身，
亦或是不方便哺乳。这时候在穿着用品的挑选上，
妈妈就需要开始使用孕产期专用的哺乳文胸和孕产内裤。

哺乳文胸

哺乳文胸，顾名思义，是专为正处于哺乳期的女性准备的文胸。产后使用哺乳文胸，会给乳房强而有力的支撑和扶托，进而促使乳房血液通畅循环，这对促进乳汁的分泌和提高乳房的抗病能力都有好处，也能保护乳头免受擦伤和碰疼。同时，哺乳文胸也会融入一些贴心的设计，方便妈妈在喂奶时能够快速解下文胸。

哺乳文胸的 种类

全开口式
这类文胸在孕期和哺乳期穿都很方便，喂奶时把肩带解下即可。

开孔式
这类文胸遮蔽性较强，将罩杯打开时并不会将乳房完全暴露，只会露出乳头、乳晕和周围皮肤。

前扣式
它的扣钩在胸前，妈妈只用一只手就能解开，利于哺乳。但是它的支撑力相对较低，塑形不好。

交叉式
其没有背扣，采用交叉式设计，优点在于能温柔地包裹胸部。款式宽松，能减轻肩膀的负担。

哺乳文胸选购技巧

1.是否方便哺乳

哺乳文胸应该具备最大的特点就是方便哺乳，当宝宝肚子饿了嗷嗷大哭时，你可以轻松解开文胸给宝宝喂奶，那么，这款哺乳文胸就算比较合格了。总的来说，交叉式的比较省事，但是塑形欠佳。所以，如何选择还是要看妈妈们自己的使用体验，做出一些取舍。

2.是否穿戴舒适

穿戴舒适也是考量哺乳内衣很重要的指标。内衣不宜过紧，材质也需要柔软、透气，这样可以促进乳房的血液流通，不会引起乳房胀痛。因此，质地柔软的纯棉内衣是上乘之选。另外，内衣的尺码尽可能购买偏大一点的，这样可以减少内衣对乳房的禁锢。

3.是否能够塑形

产后胸部会变大，甚至出现外扩的倾向，这时候需要能够聚拢并托扶起胸部的内衣以防止胸部下垂。一般来说，带有钢圈的内衣塑形效果较好，可是这种款式的内衣又会压迫乳导管，诱发乳导管堵塞。因此，哺乳期的妈妈，不妨选择软性钢圈的哺乳文胸。

梦钰妈咪　**文胸应方便放置乳垫**

　　奶水充足时乳汁会不自觉地渗漏出来，弄在哺乳文胸上会潮湿不舒服，同时会滋生很多细菌。所以哺乳文胸搭配防溢乳垫是最好的选择，最好选择全罩杯的文胸，可以很好地放置防溢乳垫。

想入非非　**文胸优选浅色系**

　　建议选择浅色的哺乳文胸，这样不容易掉色，也方便清洗。当然，哺乳文胸一定要手洗，别跟其他衣物混在一起机洗，要确保哺乳文胸的干净卫生。而且机洗很容易让文胸变形，妈妈们可别偷懒啊。

孕产内裤

　　孕3个月后，由于胎儿的发育及包围子宫的保护性脂肪层加厚，准妈妈的腹部会日渐隆起，腰围逐渐变粗。此时，就要暂时告别时尚性感的普通内裤了，尽快换成棉质的孕妈专用内裤，避免腹部受压影响宝宝的正常发育。

孕产不同时期，内裤选购要点

买低腰内裤还是高腰内裤一直是孕妈之间常常讨论的问题，其实只要穿着舒适就都是好的。那么，面对孕期产后体型的变化，可以做哪些选择呢？

时期	身体特征	款式选择	建议数量
孕初期	皮肤变得敏感	纯棉材质普通内裤	2~3条
孕中期	腹部开始慢慢隆起	面料弹性佳且保暖的包腹式内裤	3~5条
孕后期	腹部增长迅速，容易腰酸、背痛，且内分泌增多	带有托腹功能、抗菌的高腰孕妇内裤或产妇专用生理裤	2~3条
产褥期	分泌物增多，伴有恶露，容易弄脏内裤	生理裤或一次性免洗棉内裤	3~5条
产后恢复期	腹部松弛，无法迅速复原	有塑身托腹功效的产后塑身内裤	2~3条

医生的叮咛 孕产内裤清洗注意事项

李静 妇产科副主任医师

1 每天需要及时清洗更换。过夜的内裤容易滋生细菌，更难清洗。

2 尽量手洗。建议用拇指与食指捏紧，仔细揉搓，可以保证清洗干净、彻底。

3 最好使用专用器皿和杀菌效果好的内衣皂清洗。

4 洗净的内裤勿直接暴晒。可在阴凉处吹干，再置于阳光下消毒，避免面料发硬、变形。

束腹带

束腹带又称收腹带，主要使用人群为产妇，在产后用以支撑内脏器官，促进剖腹产伤口愈合和止血。

1.穿戴是否方便

市面上的产后束腹带有各种款式，比如搭扣式、魔术贴式、一体式、缠绕式等等。其中，魔术贴式的束腹带最方便穿脱，不仅可以随时脱下，调整松紧的自由度也比较高。其他款式在穿戴上都会有些许不便。

虽然纯棉柔软透气又吸汗，但是弹性太差，收紧作用大打折扣；化纤类的则可能味道较重或引起过敏反应。最佳搭配是棉加天然弹力橡胶，不仅舒适度达到标准，与身体的贴合度也更高。

3.尺寸是否合身

生产前后的身形可能发生改变，因此妈妈们不用过早囤货。某些束腹带比较短，只能顾及腰部，却顾及不到盆骨部位。另外一些则略夸张，长到可以将整个腹部全部"捆"起来。所以，在选择束腹带的时候，尺寸从乳房下部到达耻骨联合附近长度的束腹带最佳。

医生的叮咛 束腹带使用注意事项

李静 妇产科副主任医师

❶ 顺产vs剖宫产使用大不同

顺产和剖宫产妈妈由于生产方式不同，伤口位置和恢复速度也不同，因此使用束腹带也有很大不同。

顺产

一般情况下，束腹带要在子宫降至盆腔内后使用，防止影响子宫收缩和复旧。二胎或者肥胖腹部膨隆者可以使用。医院一般不会特别建议顺产妈妈使用束腹带，因为顺产妈妈的伤口在会阴部位，束腹带无法起到固定伤口减轻疼痛的作用。如果妈妈执意要用，医生也不会反对。

剖宫产

医院一般会建议剖宫产妈妈在产后使用束腹带，可以缓解刀口疼痛，促进伤口愈合。

❷ 捆绑松紧要适度

束腹带并不是绑得越紧越好，绑得过紧甚至会造成腹压升高，容易引起子宫脱垂，诱发盆腔炎、附件炎等问题。因此，束腹带只要能够固定在腹部，不下滑、不勒人即可。

❸ 穿戴时间要合理

束腹带也并不是一直穿戴在身上效果会更好。一般来说，只要在妈妈需要行动时穿戴上束腹带即可。一天穿戴时间不要超过8小时，睡觉时记得取下。

图书在版编目（CIP）数据

　　橙品清单：聪明妈妈消费指南. 3rd / 育儿网主编. 一
南昌：江西人民出版社，2018.3
　　ISBN 978-7-210-10266-3

　　Ⅰ. ①橙… Ⅱ. ①育… Ⅲ. ①妊娠期－妇幼保健－指南②婴幼儿－哺育－
指南 Ⅳ. ①R715.3-62 ②TS976.31-62

　　中国版本图书馆CIP数据核字（2018）第047912号

橙品清单：聪明妈妈消费指南. 3rd

责任编辑：曾　杨　陈诗懿

出　　版：江西人民出版社

发　　行：各地新华书店

地　　址：江西省南昌市三经路47号附1号

编辑部电话：0791-86898283

发行部电话：0791-86898815

邮　　编：330006

网　　址：www.jxpph.com

E-mail: jxpph@tom.com　web@jxpph.com

2018年3月第1版　2018年3月第1次印刷

开　　本：170毫米×220毫米　1/16

印　　张：7　字数：40千字

ISBN 978-7-210-10266-3

定　　价：40.00元

承 印 厂：深圳市精彩印联合印务有限公司

赣版权登字－01－2018－161

待产包清单

☐ 身份证

☐ 大卡资料

☐ 医保卡

☐ 结婚证

☐ 银行卡
和现金

妈妈用品

☐ 毛巾3条

☐ 盆3个

☐ 护肤品、
镜子、梳子

☐ 牙膏、牙
刷、杯子

☐ 出院衣服、
帽子

☐ 内裤6条、
一次性内裤

☐ 哺乳
内衣3个

☐ 束腹带

☐ 开襟外套

☐ 防溢乳垫

☐ 产妇
卫生巾

☐ 微波饭盒

☐ 筷子、
勺子

☐ 巧克力、
红牛

☐ 水杯
（带吸管）

☐ 一次性
马桶垫

☐ 产妇
护理垫

☐ 洗洁精、
洗碗布

☐ 药物
卫生纸

☐ 手机
+充电器

☐ 月子鞋

☐ 吸奶器

☐ 纸巾、
湿纸巾

☐ 袜子

背奶包

☐ 冰包（背奶包）

☐ 吸奶器	☐ 储奶袋/瓶	☐ 奶瓶	☐ 奶瓶 清洁液	☐ 奶瓶刷
☐ 冰袋/蓝冰	☐ 防溢乳垫	☐ 乳头 清洁棉	☐ 洗手液	☐ 纸巾、 湿纸巾

注 仅供参考，需求因人而异，可根据自己所需准备。

妈咪包

妈妈用品

 ☐ 钱包

 ☐ 钥匙

 ☐ 手机

 ☐ 水杯

 ☐ 雨伞

 ☐ 哺乳巾

 ☐ 防溢乳垫

 ☐ 防晒霜

 ☐ 纸巾、湿纸巾

宝宝用品

 ☐ 奶粉（小盒）

 ☐ 奶瓶

 ☐ 奶瓶保温袋

 ☐ 纸尿裤

 ☐ 隔尿垫

 ☐ 围嘴/罩衣

 ☐ 水杯

 ☐ 玩具

 ☐ 辅食/零食

 ☐ 免洗洗手液

 ☐ 小勺

 ☐ 衣服（备换）

 ☐ 安抚奶嘴

 ☐ 纸巾、湿纸巾

 ☐ 帽子

 ☐ 棉签

 ☐ 消毒棉

 ☐ 面霜

 ☐ 护臀膏

 ☐ 防晒霜

CHAMPION LIST
橙品
清单
www.ci123.com

妈妈口碑之选 3rd

万千妈妈诚意满满的母婴用品推荐

 无电商
 无水军
 无干预
 真实用户
 真实口碑

育儿网 | 主编
www.ci123.com

前 言

该书推荐的所有产品均来源于对父母、网络用户的市场调查，产品清单仅供参考。消费者可根据自身情况以及书中产品介绍进行自我甄别、理性消费。

2017妈妈口碑之选 评选原则

2017年度第三届育儿网妈妈口碑之选，是奉行"无电商、无水军、无干预、真实用户、真实口碑"的年度母婴用品评选，由100%真实妈妈推荐选出母婴用品好货。

育儿网全程保持中立的媒体态度，严格规定每位参与妈妈仅能对每个品类的用品行使一次投票推荐权，严查水军与恶意刷票行为。旨在让有经验的妈妈做出真实的口碑推荐，为母婴人群尤其是新手妈妈提供真实可靠的母婴用品消费指南。

评选活动期间，共收获 224609 名妈妈的真实投票推荐和 190083 份真实口碑推荐，产生母婴用品"全品类"与"年度人气单品"清单。

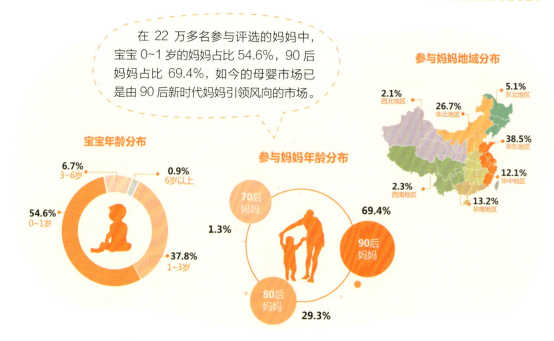

在 22 万多名参与评选的妈妈中，宝宝 0~1 岁的妈妈占比 54.6%，90 后妈妈占比 69.4%，如今的母婴市场已是由 90 后新时代妈妈引领风向的市场。

参与妈妈地域分布

2.1% 西北地区
5.1% 东北地区
26.7% 华北地区
38.5% 华东地区
12.1% 华中地区
2.3% 西南地区
13.2% 华南地区

宝宝年龄分布

6.7% 3~6岁
0.9% 6岁以上
54.6% 0~1岁
37.8% 1~3岁

参与妈妈年龄分布

70后妈妈
1.3%
69.4% 90后妈妈
80后妈妈 29.3%

此外，由专家、资深母婴媒体人、专业母婴编辑，评选出"专业推荐设计奖""专业推荐科技奖""专业推荐创新奖""专业推荐国货奖""专业推荐特色奖"和"专业推荐潜力奖"，针对母婴行业内涌现的优质母婴用品予以肯定和鼓励，从不同维度力荐更多母婴好用品。

专家评鉴团

王玉玮
著名育儿专家
儿科教授

戴永梅
南京市妇幼保健
院营养科主任

李倩
都安全医疗妇
产科主任医师

李静
妇产科副主任
医师

李瑛
美中宜和儿科
主任

媒体评审团

恽梅
父母必读杂志
主编

李代伟
中国婴童网
主编

曾杨
亲子杂志
副社长、副主编

陈昕
妈妈宝宝杂志
主编

杨红玲
北京京正国际展览
有限公司总经理

编辑评鉴团

王婷雯
育儿网主编

陈雅欣
育儿网资深
母婴编辑

李梦寒
育儿网资深
母婴编辑

李婷婷
育儿网资深
母婴编辑

赵辰
育儿网资深
母婴编辑

真实·专业·中立
高品质母婴用品口碑清单

"橙品"谐音"诚品",也是"产品"二字的延伸,意指被寄予诚恳心意,执着坚守品质的母婴产品。橙品清单,是育儿网旗下针对母婴产品开发的系列高品质栏目,始终坚持"真实、专业、中立",为妈妈们了解、体验、选购母婴用品提供最诚意的参考。橙品清单自 2015 年创立以来,目前拥有以下几大栏目:

橙品之夜

万千妈妈推举的品牌荣誉,备受瞩目的母婴品牌盛宴,以妈妈口碑为品牌加冕!

妈妈口碑之选

育儿网橙品清单的核心,是母婴行业首个奉行"无电商、无水军、无干预、真实用户、真实口碑"的年度母婴用品评选。

手机扫码
了解更多橙品资讯

聪明妈妈消费指南

专业、真实、好用的母婴
用品选购指南。联合国内
知名母婴专家，为妈妈们推
荐100%真实口碑母婴好
货，提供专业详实的母婴
用品选购指南和育儿知识。

橙品实验室

原创高品质评测，3分钟
专业、有趣的视频评测，
为你快速鉴别人气、潮
流母婴用品，品质好货
帮你挑。

橙品试验营

高品质母婴产品试用。甄
选高端新奇母婴产品，高
影响力达人妈妈亲身试用，
提供深度体验口碑。

爱尚妈宝

天使之光，护眼好伴侣——爱德华医生天使之
光润眼灯试用报告

Mini豆豆米米

一尘不染的小秘密—小狗D9002吸尘器

目 录

年度人气宝宝用品

　　宝宝用品种类繁多，那么，到底哪些用品才是值得购买的呢？本届《妈妈口碑之选》，由万千妈妈真实票选出了这些人气好用品，妈妈们千万别错过啦！

年度人气单品 10

万千妈妈诚意推荐的 婴幼儿奶粉

1 illuma®/启赋®

幼儿配方奶粉

接近母乳的配方　　爱尔兰品质典范　　超高端品牌

规格 900g

 17648位 妈妈推荐

喵妈 宝宝2岁
启赋奶粉的粉质很细腻，容易冲泡，口感清淡接近母乳，宝宝爱喝。

焕焕 宝宝2岁7个月
儿子一直喝的，配方表上写着含专利技术OPO，能帮助宝宝消化吸收，儿子喝了一直以来身体很棒，比同龄的孩子都健壮些。

接近母乳配方，
满足宝宝的营养
需求，喝了不上
火、不便秘。

雨梦
宝宝1岁

2 Nutrilon/诺优能
幼儿配方奶粉

 17039位 妈妈推荐

荷兰进口　自然奶源　口味清淡

浩&宇妈咪 宝宝3岁2个月
荷兰奶源，纯天然无污染，口感清淡接近母乳，宝宝喝了消化很好，不上火！

馨馨 宝宝2岁
一直信赖诺优能，宝宝一直在喝，营养丰富，吸收好，现在宝宝身体很壮实。

100% 荷兰原装进口，
奶源纯天然，无污染，
奶粉粉质细腻，
口味清淡，吸收好。

小锦儿
宝宝1岁8个月

规格 800g

3 Friso/美素佳儿
金装幼儿配方奶粉

荷兰奶源　天然营养　不上火

荷兰原装进口，
营养均衡，接近母乳，
宝宝喝了不上火。

 16974位 妈妈推荐

清风 宝宝1岁9个月
给大宝吃的一直都是美素佳儿，感觉很不错，宝宝喝了不上火、不便秘，现在二宝也在吃。

蓉宝宝 宝宝2岁
美素佳儿奶粉，营养配比科学，口感好，易吸收，宝宝很喜欢喝。大品牌，值得信赖。

Baby彤彤
宝宝2岁3个月

规格 900g

4 Aptamil/爱他美
幼儿配方奶粉

`德国原装进口`　`亲源配方`　`口味好`

16836位
妈妈推荐

陈小妞　宝宝1岁半　宝贝从断奶以后一直喝爱他美，品质好，粉质细腻，易冲泡，口味清淡，接近母乳，宝宝喜欢喝。

灿妮宝　宝宝3岁　宝宝吃了营养好，不上火，大便正常，而且自从吃了这个奶粉后能看到宝宝的个子在长高呢！

德国进口，营养价值高，宝宝喝了不上火，身体棒。

星源宝贝
宝宝2岁4个月

规格 800g

---

5 Wyeth®/惠氏®
S-26® 铂臻® 幼儿乐® 配方奶粉

规格 800g

知名大品牌，宝贝一直喝，有利于大脑发育，宝宝现在很聪明，学东西快。

亦凡妈
宝宝1岁3个月

`百年品牌`　`科学配方`　`促进大脑发育`

13435位
妈妈推荐

果妈　宝宝2岁3个月　惠氏的这款奶粉添加了神经鞘磷脂，这对宝宝的脑部发育有至关重要的作用。充足的神经鞘磷脂能够让宝宝更快、更好地学会走路、说话等。

小朵拉　宝宝1岁6个月　宝宝一直喝的惠氏S-26铂臻，从第一次学说话开始，非常聪明，多亏惠氏铂臻奶粉，能够提高宝宝大脑发育，所以宝宝学习能力很好。

---

6 Mead Johnson/美赞臣
荷兰版安婴宝 A+ 幼儿配方奶粉

`荷兰进口`　`原装原罐`　`优量 DHA`

11575位
妈妈推荐

灏灏妈　宝宝3岁6个月　宝宝从出生就喝这款荷兰版奶粉，从一段喝到三段！体质一直很好，很少生病。

淑敏　宝宝1岁8个月　美赞臣奶粉的粉质细腻，不结块，易冲调，宝宝喝了从来没上火便秘过。

蓝罐荷兰进口美赞臣奶粉口味清淡，呵护肠胃，营养全面，是不错的选择。

甜宝贝
宝宝2岁

规格 850g

7 Eleva/雅培
菁智有机幼儿配方奶粉

丹麦原罐进口

有机奶粉

吸收好

规格 900g

 **10914位** 妈妈推荐

宝仔妈 宝宝2岁　　真正的有机奶粉，无添加，宝宝喝了安全，营养价值很高，宝宝喝了体重、身高增长都比较快，而且便便也很规律。

8 伊利
金领冠幼儿配方奶粉

中国母乳研究

营养丰富

不上火

规格 900g

 **9522位** 妈妈推荐

大轩轩 宝宝1岁6个月　　国产老品牌，品质有目共睹，经济实惠。粉质细腻，不挂壁，味道淡淡的，孩子喝了不上火，抵抗力强。

9 a2
PLATINUM 白金幼儿配方奶粉

新西兰原罐原装

源乳配方

消化吸收好

规格 900g

8941位 妈妈推荐

小七月 宝宝1岁4个月　　澳洲优质奶源，特别添加了酪蛋白，各种元素含量都很合理。奶香味醇，宝贝爱喝，食用后没有出现过消化不良和上火的情况。

10 HiPP喜宝
Combiotic® 益生元幼儿配方奶粉

德国百年品牌

营养均衡

口味清淡

规格 800g

7504位 妈妈推荐

喜儿 宝宝2岁18天　　口味清淡，贴近母乳，适合宝宝刚刚发育的味蕾。还含有益生元，可增强免疫力，对消化不良的宝宝很有帮助。

年度人气单品 **10**

万千妈妈诚意推荐的 纸尿裤

1 Huggies/好奇

铂金装倍柔亲肤纸尿裤

倍柔亲肤　　海量吸收　　超强透气

 18722位 妈妈推荐

悠悠 宝宝1岁
好奇铂金装纸尿裤，材质非常柔软，而且设有多个透气孔，含有导流层，吸收又多又快。

修行宝妈 宝宝2岁5个月
好奇铂金装纸尿裤性价比高，吸水性好，不起坨，不断层，很干爽。

规格 L58片

好奇铂金装真的很好用，柔软舒适，透气干爽，宝宝没有红屁屁，值得信赖。

豆丁宝贝
宝宝1岁8个月

2 Pampers/帮宝适
超薄干爽纸尿裤

👍 **17776位** 妈妈推荐

糖糖 宝宝1岁2个月
帮宝适绿帮，经济实惠，吸收好，宝贝一晚上不用换纸尿裤，早上起来还是干爽的。

睿宝贝 宝宝2岁半
宝宝从出生就用这款纸尿裤，超薄型，吸量大，很干爽，不侧漏后漏，宝宝没有红屁屁。

纸尿裤超薄，吸收快，
透气性好，两侧弹性大，
不勒宝宝肚子。

小橙子
宝宝1岁8个月

| 12 小时干爽 | 超柔呵护 | 超薄瞬吸 |

规格 L164片

3 Merries/花王
妙而舒婴儿纸尿裤

| 日本技术 | 双重透气 | 均匀瞬吸 |

规格 L54片

宝宝从出生开始就一直在用花王纸尿裤，从来没有红过屁股，用起来很透气，非常好用。

梓绮妈咪
宝宝1岁8个月

 13594位 妈妈推荐

嘟嘟宝贝 宝宝1岁
花王纸尿裤，质感很好，很柔软，而且非常细腻，有一种棉花环抱的感觉。

雪儿妈妈 宝宝2岁
花王口碑一直很不错，纸尿裤吸水性很强，不易漏尿，宝宝用了也不会过敏。

4 Natural moony
皇家系列纸尿裤

亲肤自然棉　软便吸收　透气性好

柔软亲肤，吸水性强，透气性好，无论怎么动都不易侧漏，保证宝宝的睡眠质量。

11154位
妈妈推荐

琪琪 宝宝2个月　皇家moony纸尿裤选用亲肤有机棉，非常柔软，摸起来很舒服，且吸水性强，超薄透气。

菲儿 宝宝3个月　真的很舒服，宝宝用得不过敏，也不红屁股，不侧漏，吸收力特别好。

小宇麻麻
宝宝1岁2个月

规格 NB90片

柔软细腻，不伤宝宝肌肤。可以瞬间吸收尿液，不起坨，给宝宝时刻干爽享受。

规格 NB62片

小小熙
宝宝1岁

5 GOO.N/大王
环贴式纸尿裤　天使系列

3D 立体表层　柔软舒适　干爽透气

9915位
妈妈推荐

一诺千金 宝宝2岁　我家宝宝一直用大王，用的很不错，柔软，透气性好，宝宝不红屁股。

源儿妈 宝宝9个月　我最喜欢的纸尿裤，质感真的非常柔软，吸收性是一等一的好，不会侧漏，不会渗漏，轻松使用。

---

6 MamyPoko/妈咪宝贝
小内裤式婴儿纸尿裤

造型时尚　穿脱方便　360° 全向防漏

专为学步宝宝设计，穿脱方便，男女分开，不起坨，不断层，用过屁股特干爽。

8508位
妈妈推荐

家有二宝 宝宝3岁　超薄干爽，腰围弹力设计，很贴合宝宝的腰部。特别区分了男宝宝和女宝宝，能牢牢锁住水分，一晚上一片就好。

小年儿 宝宝1岁9个月　这款小内裤宝宝穿很方便，怎么动都不怕。脱也很方便，把两边撕开就可以了。

太阳花
宝宝2岁半

规格 L19片

7 Care Daily/凯儿得乐

丝薄亲体纸尿裤

- 丝薄亲肤
- 干爽透气
- 多重防漏

规格 L46片

8381位 妈妈推荐

卢小宝 宝宝2岁　凯儿得乐纸尿裤又软又薄，特别能吸尿，并且不会鼓鼓涨涨的，舒适不起坨。表面的大珍珠面料，很亲肤，非常干爽。

---

8 Anerle/安儿乐

扭扭弹力裤

- 时尚设计
- 环腰舒适
- 柔软透气

规格 L104片

7298位 妈妈推荐

陈贝贝 宝宝3岁　学步宝宝的福音，穿脱方便，松紧度正好，厚薄适中。宝宝走路时没有下坠感，宝宝一直在用也没有红屁屁。

---

9 Chiaus/雀氏

出口装柔润金棉纸尿裤

- 纯净0添加
- 海量吸收
- 不反渗

规格 M84片

6806位 妈妈推荐

辰妈 宝宝2岁4个月　雀氏纸尿裤性价比超高，国货担当！尤其是这款，柔软、不反渗，完全杜绝了红屁屁。无限回购！

---

10 Pigeon/贝亲

婴儿纸尿裤

- 弱酸性
- pH 表层调节
- 远离红屁

规格 L62片

6727位 妈妈推荐

小怡宝 宝宝2岁　贝亲纸尿裤，亲肤舒适，干爽透气，不起坨，不漏尿，宝宝用了没有红屁屁，能一觉睡到天亮。

年度人气单品 **10**

万千妈妈诚意推荐的 哺 喂 用 品

1 Pigeon/贝亲

婴儿自然实感宽口径玻璃奶瓶

材质安全　宽口径设计　更易清洗　防胀气

接近妈妈乳头设计的奶嘴不用担心宝宝排斥，转奶没烦恼，防胀气效果很赞。

展翅
宝宝1岁3个月

规格 240ml

 13770位 妈妈推荐

茹浩浩妈　宝宝1岁11个月
贝亲是我认为最好的奶瓶之一，好洗耐用又经煮，不会因为长时间使用而导致刻度模糊。

小乖妈咪　宝宝2岁1个月
奶嘴接近乳头，奶瓶清洗很方便，虽然是玻璃的，但还是挺耐摔的。

2 PHILIPS AVENT/飞利浦新安怡
自然系列玻璃奶瓶

10755位 妈妈推荐

欧洲原装进口　母乳般自然感受　高纯净玻璃

三叶草791 宝宝1岁
奶嘴防胀气设计，材质很好，玻璃很透，奶嘴的花瓣设计宝宝很喜欢哦。

缘由何起 宝宝1岁7个月
飞利浦新安怡奶瓶用起来很方便，并且奶嘴很软，接近母乳，材质也很环保。

奶瓶材质安全无毒，没有难闻气味，奶嘴贴合妈妈的胸型，宝宝更易接受，方便清洗。

**荏性小钕子
宝宝1岁半**

规格 4 安士/125毫升

3 Tommee Tippee/汤美星
Closer to Nature 仿若亲哺奶瓶

仿母乳造型　超敏排气阀　材质安全

奶嘴非常柔软，瓶身很好抓握，不累手，简约设计，颜值超高，材料也很安全。

**萱宝妈
宝宝1岁3个月**

规格 150ml

8677位 妈妈推荐

逆耳 宝宝11个月
奶瓶设计非常合理，尤其是奶嘴柔软的触感，让宝宝喝奶的时候更有喝母乳般的亲切感。

妮儿 宝宝1岁1个月
用过这款玻璃的奶瓶，好清洗，瓶口大，方便使用，且配套的物品全。

4 IVORY/爱得利

Tritan 宽口径带柄自动奶瓶

`易握把柄`　`自动吸管`　`易清洗`　`耐高温`

7733位
妈妈推荐

羽萍宝宝　宝宝 2 岁　这个奶瓶很好用，易清洗，材质健康无害，我和身边朋友的一致选择！

小禹泽　宝宝 2 岁 4 个月　材质安全，没有异味，刻度也很清晰，宝宝用着很顺手。

奶瓶的耐高温材质使用起来放心，两侧手柄十分方便宝宝抓握。

皓妈
宝宝1岁半

规格 240ml

---

5 Dr. Brown's/布朗博士

爱宝选玻璃宽口奶瓶套装（经典版）

防胀气设计特别好，优于其他奶瓶仅仅在奶嘴上下功夫的设计，也较耐摔。

规格 150ml+270ml

yoyang妈咪
宝宝2岁1个月

`欧洲进口`　`拒绝胀气`　`锁住营养`

6494位
妈妈推荐

kevingchan　宝宝1岁3个月　宽口冲奶方便，奶嘴设计特别好，宝宝不呛奶，这是最喜欢的地方。

晨馨宝宝　宝宝2岁7个月　使用后发现它的设计真的很好。防止宝宝吸入空气之余还有一个小隔片，能避免漏水。

---

6 Rikang/日康

晶透乖乖杯

`杯体质轻`　`防滑易握`　`喝水轻松`

5672位
妈妈推荐

小毛豆儿妈妈　宝宝2岁6个月　材质不仅让我放心，而且水杯把手是可以转动的，方便宝宝喝水，而且也容易清洗。

格式化　宝宝3岁　价钱不贵，可爱造型宝宝很喜欢。而且没有味道，不漏水，质量过关，非常抗摔。

样子精致，材质意外的很轻，宝宝用的方便，都爱上喝水啦！

Lucine
宝宝2岁半

规格 300ml

7 NUK
耐高温宽口玻璃彩色奶瓶

- 仿真奶嘴
- 加密防漏
- 防胀气系统

规格 240ml

4019位 妈妈推荐

小壮辣妈 宝宝3岁　　玻璃材质，宝宝使用更安心。而且耐高温，消毒更方便。最关键的是奶嘴设计独特，宝宝不抗拒。

8 bobo/乐儿宝
PPSU 宽口径婴儿奶瓶

- 减震手柄
- 自动吸管
- 进口 ppsu 材质

规格 260ml

3389位 妈妈推荐

爱你♥宝贝 宝宝1岁11个月　　PPSU材质安全可靠，外观美观，奶嘴柔软，整体设计使用方便！

9 Nuby/努比
宽口径硅胶奶瓶

- 仿母乳奶嘴设计
- 双重防胀气系统
- 360°多角度喝奶

规格 250ml

2286位 妈妈推荐

春风十里 宝宝1岁　　防摔防胀气，仿母乳，宝宝断奶时非常好用，大品牌就是好用。

10 BÉABA
babycook 婴儿辅食机

- 一键操作
- 营养蒸煮
- 多功能料理一体

规格 1100ml

2231位 妈妈推荐

静待花开 宝宝1岁5个月　　这款婴儿辅食机可以说非常实用了，蒸煮、搅拌、榨汁无所不能。自从有了它，我变成了辅食能手。

年度人气单品 10

万千妈妈诚意推荐的 宝宝洗护用品

1 Giving/启初

新生特安柔护滋养面霜

柔护滋养　　至简配方　　温和无刺激

规格 45g

水润不油，不易过敏，含有原生嫩萃小麦胚芽精华，是新生宝宝肌肤最佳拍档！

百八烦恼斩
宝宝3岁11个月

12331位 妈妈推荐

彦熙宝宝 宝宝1岁4个月
启初新生特安滋养面霜一点也不油腻，主要成分选用的是原生嫩萃小麦胚芽油，无添加无刺激，给我家新生宝宝用，很安心。

小魔女o小帅锅 宝宝1岁7个月
这是一款无香面霜，可以滋润新生宝宝的柔嫩肌肤。国产大品牌值得信赖。

2 Sanosan/哈罗闪
婴儿柔润护肤乳

12311位 妈妈推荐

清爽不油腻　安全无添加　温和配方

下雨天暖茶 宝宝 11 个月
我们家用的第一款护肤乳，印象很好。之前宝宝总有严重湿疹，用了这个改善许多。

姐弟麻麻 宝宝 2 岁 7 个月
育婴师推荐款，大宝用得很好，二宝会接着用，性价比也不错，推荐。

爱笑的脸
宝宝2岁4个月

大品牌，值得信赖。质地温和，品质优良。配方天然无刺激，呵护宝宝娇嫩皮肤。

规格 500ml

3 Pigeon/贝亲
婴儿润肤乳

纯净水润　不过敏　易吸收

吸收很快，保湿效果不错，清爽不油腻，比较温和，方便携带。

11397位 妈妈推荐

正正妈咪 宝宝1岁10个月
宝宝皮肤容易干痒，买了贝亲润肤乳给宝宝用，用完皮肤润润的，小手也不经常挠了，很满意。

皮皮虾的浪漫 宝宝1岁
宝宝下巴对灰尘螨虫过敏，冬天不注意就会起小疙瘩，一直用贝亲的系列产品，值得信赖。

岚岚妈咪
宝宝6个月

规格 70g

4 Baby elephant/红色小象
全家护肤沐浴露

功能多样　材质安全　大牌品质

8885位
妈妈推荐

于你于我 宝宝1岁2个月　看上第一眼就觉得粉粉的好可爱，闻起来很舒服，全是天然成分提取，不会对皮肤有刺激。

猫猫酱 宝宝6个月　一次性买三大瓶，温和不刺激。本来买来给宝宝用的，一闻味道很好闻，自己也在用。

磨砂瓶有质感。舒适亲和，泡沫细腻，孩子和家人都很喜爱的沐浴产品。

爱你小苏苏
宝宝2个月

规格 530ml

---

5 Lovology/全因爱
GLOW 隔离养护婴幼儿润面霜

规格 45ml

滋润，吸收好，气味好闻，宝宝喜欢用！五大不添加，安全。

小丫兜
宝宝1岁1个月

持久保湿　多效防护　高端品质

8498位
妈妈推荐

轶伟 宝宝1岁5个月　隔离雾霾的概念很新颖。按压泵头使用方便，滋润补水效果超级棒。

anny秋 宝宝3岁2个月　味道淡淡的，天然配方。冬天用它滋润宝宝的皮肤，全天保持湿润，一点都不会干。

---

6 Johnson's baby/强生
润护新生洗发沐浴乳

10 倍水润洁净　3 重滋润因子　敏感肌宝宝亦适用

6971位
妈妈推荐

轩轩沫沫妈咪 宝宝1岁11个月　一直给宝宝用强生，这款二合一沐浴露性价比高，宝宝用得很好。

劇終 宝宝4岁7个月　这款沐浴露香味正好，不会很浓。用过后皮肤滑溜溜的，很柔嫩。无泪配方，不会迷到宝宝眼睛。

味道香香的，泡沫丰富，易清洗，安全无刺激，宝妈们的爆款选择。

小雨妖妖
宝宝11个月

规格 280ml

7 Purcotton/全棉时代
婴儿纯棉柔巾

亲肤舒适
柔韧耐用
不易落絮

规格 120抽

 6695位 妈妈推荐

佳佳　宝宝10个月　孕前被种草就在用它了。这款纯棉柔巾特别好用，可以干湿两用。小包装的，外出带上特别方便。

8 保宁/B&B
洗衣香皂

抗菌保护
温和护肤
持久清香

规格 200g

 6412位 妈妈推荐

梦幻大王　宝宝8个月　每次搞活动都会二十几块的买。月嫂用它洗尿布，也说很好用，现在洗衣服、口水巾全靠它。

9 郁美净
儿童霜

鲜奶成分
细腻温和
滋润营养

规格 25g×5袋

 6247位 妈妈推荐

妞宝妈　宝宝1岁3个月　清爽不油腻，味道很熟悉，经典国货，好用不贵，一直是我的首选。

10 Somda/松达
婴儿护肤山茶油

抚触护臀
天然无香
亲肤易吸收

规格 50ml

 6183位 妈妈推荐

萱萱麻麻　宝宝11个月　用过后就再也没用过别的牌子，山茶油味道很淡，油质清透无色，弄到衣服上也特好清洗！良心产品。

宝宝洗护用品

年度人气单品10

万千妈妈诚意推荐的 辅 食

1 Heinz/亨氏

婴儿营养米粉

片状米粉　易于冲调　易消化　科学配方

规格 400g

 15143位 妈妈推荐

芸妈 宝宝9个月
宝宝很喜欢，独立包装，方便、防潮。
营养均衡，品牌产品，质量放心。

小鑫鑫 宝宝11个月
粉质细腻，搅拌易溶解，宝宝吃了不
上火，易吸收。信赖亨氏。

米粉很不错，
细腻易冲泡，口感好，
好吸收，宝宝喜欢吃。

ashley婷
宝宝10个月

2 Eastwes/伊威
全机能肝粉

10896位 妈妈推荐

细微粉状　高浓缩营养　小袋分装

安安快乐长大 宝宝1岁1个月
我们家给宝宝补血的好搭档。小袋装使用方便，开袋下面、下粥都可以，宝贝爱吃！

瑞宝 宝宝1岁3个月
肝粉用小米粥混着给宝宝吃没有腥味。重点是宝宝不抗拒，对于吃的东西还是要选择大品牌。

肝粉是个补血补铁的好辅食，比较好吸收，添加在其他辅食里口味也很好。

我家汐汐爱臭美
宝宝1岁9个月

规格 105g

3 Gerber/嘉宝
营养米粉

口感细腻　科学配比　易吸收

对于即将添加辅食的宝宝是个不错的选择，不仅口感好，营养也比较全面。

8673位 妈妈推荐

王婷婷 宝宝7个月
米粉吸水性很好，也不会结块，质地还是不错的。尝着口感清淡，适合宝宝吃。

3598 宝宝1岁1个月
米粉细腻，宝宝吃了不上火、不便秘，也不会过敏。与其他做比较嘉宝很快溶解。

家有萌宝锐童
宝宝1岁1个月

规格 225g

4 Bellamy's Organic/贝拉米
有机婴儿米粉

`有机认证` `富含铁质` `非转基因`

7609位
妈妈推荐

马宝妈咪 宝宝1岁 贝拉米的米粉含糖少，有机高铁，作为宝宝的第一口辅食很合适。

轩轩 宝宝1岁2个月 宝宝爱吃，口感很好，添加简单方便，营养搭配全面，能满足宝宝的各种营养需要。

宝宝刚吃辅食就是吃的贝拉米，丝滑口感，味道不是很甜，宝宝吃了不上火，大便不干。

兰
宝宝1岁1个月

规格 125g

规格 200g

太后病女王命
宝宝1岁1个月

5 Hipp/喜宝
有机婴幼儿燕麦大米粉

有机认证的天然米粉，质地细腻光滑，吃着不上火，容易消化。

`有机认证` `质地细腻` `强化营养`

7396位
妈妈推荐

宝儿 宝宝11个月 喜宝米粉宝宝吃了不上火，营养搭配均衡，质地细腻，容易溶解。

米果妈妈 宝宝1岁7个月 孩子很喜欢吃，口感好，粘稠度好，配方营养，主要是不甜，孩子可以放心吃。

---

6 Beingmate/贝因美
铁锌钙营养米粉

`均衡营养` `膳食纤维` `绿色大米`

6503位
妈妈推荐

雨晴天 宝宝1岁6个月 特别棒的一款米粉，宝宝吃着好吸收，易消化，不上火，富含膳食纤维，营养价值高。

喵家俩宝萌萌哒 宝宝1岁 大品牌值得信赖。添加的微量元素很多，便于宝宝吸收，健康成长，味道也很好。

味道很好，米粉细腻，容易吸收，有利于宝宝吞咽，冲调方便，关键是营养很丰富。

小馒头
宝宝1岁2个月

规格 225g

7 BIOSTIME/合生元
婴幼儿大米粉

原谷材料

口味清淡

口感好

规格 300g

 **5371位** 妈妈推荐

小壮辣妈 宝宝3岁　很容易泡开，营养丰富，宝宝很爱喝。原谷物米粉是采用原谷粒制作的，易消化，更健康。

8 Nestle/雀巢
金装宝贝营养 + 钙铁锌营养米粉

淀粉水解

营养丰富

小袋分装

规格 225g

 **4966位** 妈妈推荐

lovely_baby　宝宝1岁3个月　　比较细腻，适合肠胃弱的宝宝食用。味道也没那么甜，避免宝宝过多食用糖分。

9 Engnice/英氏
美食加婴幼儿营养面

国家婴幼儿标准

易消化吸收

均衡营养

规格 240g

4191位 妈妈推荐

莫辞西澜锁清秋　宝宝1岁　　宝宝很爱吃，10cm的面条长度刚好合适，小袋分装开，储存很卫生，可以看出品牌很用心。

10 YingJiLi/英吉利
AD 钙铁锌小米粉

营养均衡

易于冲泡

片状米粉

规格 225g

3158位 妈妈推荐

佳佳　宝宝1岁1个月　　这款米粉不错，细腻，易吸收，盒子里面是独立包装的，外出携带比较方便。

年度人气单品 10

万千妈妈诚意推荐的 安全出行

1 Babyfirst/宝贝第一

太空城堡安全座椅

Isofix 接口安装　　**五点式安全带超长保护**

适用年龄 0~6岁

大品牌质量好，安全系数又高，宝宝坐着还舒适，种草好多妈妈。

destroy
宝宝4岁11个月

12013位 妈妈推荐

柯维亚公主 宝宝2岁
它可轻易安装在家中小车上，有很好的固定效果，还有头部侧翼保护，全方位保护宝宝安全。

潘芃璋 宝宝2岁11个月
做工扎实，很稳重。主要是宝宝非常喜欢，可以一个人轻松地开车带宝宝出门了。

2 Goodbaby/好孩子
头等舱儿童安全座椅

11611位 妈妈推荐

头部气囊　双向安装

三档调节　通用适配

何处不相逢 宝宝4岁
各种车型都可搭载，小 baby 也可以坐。头部的护枕既可保护小宝宝头部，也可当大宝的颈枕。

traces 宝宝3岁7个月
有它才有完美的旅行，孩子安全，家长安心。座椅根据年龄调节方便孩子成长，能用到 12 岁。

试了几次，宝宝非常配合，每次出门必坐，安全可靠，妈妈放心。

绿萝
宝宝2岁6个月

适用年龄 0~7岁

3 Britax/宝得适
百变骑士 II SICT 安全座椅

侧面防撞　坐感舒适　承重升级

非常好用，安装简单，座椅很柔软，宝宝也特别喜欢，坐上没有束缚感。

10871位 妈妈推荐

如美花眷 宝宝1岁11个月
经过爸爸认真研究对比后才买的，感觉很好，外观时尚，明星都用的。

傲娇的糖块 宝宝2岁7个月
国际大牌，质量有保证，做工特别精细，宝宝一坐这个座椅就能睡着。

阿泽
宝宝4岁半

适用年龄 9个月~12岁

4 Happydino/hd小龙哈彼

LC520 飞燕 2.0 时尚便捷婴儿车

`单手秒叠` `轻便铝材` `靠背可调`

价格亲民,质量也很过硬,舒适度强,载重好。推着宝宝,买很多东西都可以。

妍希麻麻
宝宝11个月

适用年龄 0~3岁

10589位
妈妈推荐

娃娃妈 宝宝3岁1个月　俩宝都用的小龙哈彼。逛街放在后备箱里便于携带,走哪带哪,宝宝的最爱,妈妈的最爱。

马背上的花朵 宝宝6个月　太爱小龙哈彼的车车,车车轻便灵活,可以一手抱宝宝一手提。质量太好,值得推荐。

5 Graco/葛莱

Milestone 基石系列安全座椅

舒适,安全,色彩好看,适用性也高。葛莱座椅,一路有你,更安心。

适用年龄 0~12岁

宝贝小兔子乖乖
宝宝6岁7个月

`超长使用周期` `高品质材质` `舒适便捷`

7752位
妈妈推荐

彦熙 宝宝1岁　一直都是葛莱的迷妹。我家孩子调皮,坐安全座椅爱乱动,唯独这款让他舒适,一坐上就呼呼睡觉了。

海洁洁 宝宝2岁1个月　葛莱基石系列的安全座椅真得很好。自带多档调节,0~12岁都可以用,可以说非常实惠了。

---

6 Pouch

高景观婴儿推车

`双向推行` `全景天窗` `一键折叠` `SUV 减震`

设计美观大方得体,石头小路推着还防震,看似简单,但功能齐全。

6928位
妈妈推荐

小赛 宝宝2岁4个月　宝宝睡着舒服,醒来可以看着妈妈,妈妈也可以随时关注宝宝。车身设计高端大气,很喜欢!

摘蕾兰 宝宝8个月　推着的时候方向很容易掌控,车里很宽敞。质量也很好,宝宝现在八个月,还没出现质量问题。

相相
宝宝3岁7个月

适用年龄 0~4岁

7 Savile
猫头鹰赫敏 Q 儿童安全座椅

- 慢回弹婴儿枕
- 双向躺卧安装
- 超柔软内衬垫

适用年龄 0~4岁

 5460位 妈妈推荐

趣多多 宝宝 11 个月　专业婴儿头枕设计，可以 5 档调节。面料不起球，不过敏，摸着很绵软，简直是宝宝的保护神。

8 Sanebebe/三乐
轻便型婴儿推车

- 网纱伞车
- 超轻车身
- 纤细灵巧

适用年龄 7个月~3岁

4889位 妈妈推荐

辰辰 宝宝 2 岁　选三乐主要是它轻，家住五楼，无电梯。这款轻便型推车，我上楼抱孩子携带也方便，没那么多负重。

9 Bébéar/抱抱熊
αX 航空铝制可折叠多功能婴儿腰凳

- 高端设计
- 铝质折叠凳芯
- 透气舒适

适用年龄 0~3岁

 **4288位** 妈妈推荐

帅娟娟 宝宝1岁4个月　抱抱熊腰凳，真是带娃出行必买清单里的好货。它可折叠，携带方便，航空铝质，材质非常用心。

10 babycare
多功能婴儿背带

- 防勒护垫
- 全棉材质
- 设计贴心

适用年龄 0~3岁

 3358位 妈妈推荐

小壮辣妈 宝宝2岁7个月　宝贝姨妈给买的，全棉材质，四个多月就用了，质量很结实，洗过好几回了，一直在用。

年度人气单品 10
万千妈妈诚意推荐的 儿童玩具

火火兔
儿童智能蓝牙故事机 F6

耐磨耐摔　　音质纯正　　蓝牙传输　　安全啃咬

11205位 妈妈推荐

星源宝贝　宝宝11个月
我家姑娘用的也是火火兔，音质好，耐摔，储存的东西多，非常好用。

美是初见　宝宝1岁
宝宝睡觉的时候经常用这个故事机哄睡，还能连接蓝牙，非常智能，主要是宝宝睡得踏实啦！

适用年龄 0~7岁

外观不但可爱诱人，宝宝手握尺寸也刚刚好，音质棒，还有原创故事儿歌资源。

臻臻
宝宝1岁3个月

2 Hape
泰迪玩偶组 & 水漏桶经典戏水套

 9519位 妈妈推荐

德国工艺　国际检测　优质原料

咘点点 宝宝1岁2个月
宝宝洗澡时怕水，这款玩具能很好地分散她的注意力，宝宝很爱玩。

冠宇麻麻 宝宝1岁7个月
戏水玩具真心推荐，质感光滑，玩法很多，还很可爱，宝宝超级喜欢。

质量好，颜色鲜艳，可玩性高，宝宝特别喜欢。有了这套玩具，天天叫着要和小熊一起洗澡。

莉莉娅
宝宝1岁3个月

适用年龄 12个月以上

3 小天才
儿童平板

定制系统　材质安全　护眼滤蓝光

适用年龄 24个月以上

很实用，可以联网下载海量内容，而且也有益智小游戏，重要的是护眼功能很棒。

小宇和然宝的妈
宝宝3岁5个月

 8405位 妈妈推荐

微笑（俩宝妈）宝宝2岁7个月
特别适合孩子使用，它可以定时，让孩子看电脑到一定时间就提醒他休息。

紫鸢若舞 宝宝3岁1个月
小天才平板很不错，孩子很喜欢，从里面学到了很多知识，而且还保护宝宝的眼睛。

4 Fisher Price/费雪

4合一摇摇小狮子

功能多样　材质安全　大牌品质

颜色鲜艳, 给宝宝更新鲜的视觉感受, 功能更多, 使用时间更长, 费雪质量值得信赖。

7643位
妈妈推荐

饭米粒　宝宝2岁　费雪小狮子不仅可以帮助宝宝学走路, 还能让宝宝认识知识, 学习儿歌, 陪宝宝玩, 真的很不错!

琪琪~　宝宝1岁5个月　我们家宝宝就是推着它学会走路的, 车上面各种各样的颜色可以启发宝宝对颜色认知!

洋洋麻麻
宝宝1岁2个月

适用年龄 9个月以上

---

5 MEGA BLOKS/美高

大颗粒积木

颜色鲜艳, 颗粒大, 宝宝拿起来很方便, 不会被误吞, 没有毛刺, 不会伤害宝宝肌肤。

加拿大原装进口　抓握轻松　防吞咽

6656位
妈妈推荐

周周　宝宝1岁3个月　这种积木非常适合宝宝玩, 不掉色, 不用担心宝宝放嘴里吃。

果儿　宝宝1岁11个月　很喜欢的一个牌子, 主要是积木个头特别大, 宝贝玩起来很安全方便。

适用年龄 1~5周岁

六六♥妈妈
宝宝2岁6个月

---

6 Howawa/好娃娃

自由舰健身娱乐车

前沿设计　耐冲减震　防侧翻

锻炼孩子平衡能力、四肢协调能力, 增添孩子乐趣的同时, 也起到锻炼身体的作用。

5447位
妈妈推荐

洋洋宝贝　宝宝4岁6个月　健身好帮手, 使宝宝可以锻炼其身体的灵活性, 而且, 大人可以陪孩子一起玩。

淡蓝色　宝宝3岁5个月　锻炼孩子的腿部肌肉力量, 质量很好, 遛娃神器。

Greece
宝宝4岁2个月

适用年龄 3岁以上

7 LEGO/乐高
得宝系列数字火车

丰富组件　大颗粒　材质安全

适用年龄 1.5~3岁

 **4348位** 妈妈推荐

乖乖 宝宝2岁　　大颗粒，适合小手抓握，拼插方便，色彩鲜艳，刺激视觉效果！

8 TOPBRIGHT/特宝儿
趣味滑翔车

安全材质
视觉追踪
小车收纳

适用年龄 18个月以上

 **3474位** 妈妈推荐

卷毛~小新 宝宝2岁3个月　　趣味滑翔车使用原木材料设计而成，简易大方。可以和伙伴一起玩，分享快乐。

9 Vtech/伟易达
小河马睡眠仪

星空投影
声光安抚
哭声感应

适用年龄 0~36个月

 **2404位** 妈妈推荐

森森妈妈 宝宝6个月　　睡觉安抚必备，能帮助宝宝快速入睡。有儿歌，有故事，有自然响声，还可以投影星星，宝宝很喜欢。

10 Auby/澳贝
智慧学习屋

十大玩法
材质安全
智玩结合

适用年龄 9个月以上

 **2288位** 妈妈推荐

笨笨的小女人 宝宝1岁3个月　　孩子的好伙伴，不止是玩具，还是开发智力的好帮手。而且质量很好，没有凹凸，表面光滑，不会划伤宝宝。

年度人气单品10

万千妈妈诚意推荐的 童装童鞋

1 Carter's

童装童鞋

穿脱方便　安全舒适　值得信赖

carter's

外观漂亮，面料舒适，穿着方便，保暖性能强大。

家有儿女
宝宝1岁3个月

10774位 妈妈推荐

涵妹妹萱姐姐　宝宝2岁8个月
衣服质地柔软，不起球。特别是连体款式，宝宝穿和脱都特别方便，她很爱穿。

韩瑶　宝宝11个月
Carter's 口碑很不错，质量好。不管是女宝宝还是男宝宝，色彩设计很漂亮，搭配很合理。

2 Balabala/巴拉巴拉
童装童鞋

高端选材　做工精致　设计美观

9506位 妈妈推荐

舞剑江川　宝宝1岁10个月
买过这个品牌的衣服,夏款的很吸汗。整体图案设计潮流时尚,不落俗套。

亦凡妈　宝宝3岁4个月
买过五套,衣服舒适,是软软的全棉材质。洗了好多次后也没有变形。

做工好,面料柔软,无异味,款式多样,价格适中。

小年儿妈
宝宝4岁8个月

3 Annil/安奈儿
童装童鞋

做工精良　简约雅致　舒适安全

尺码标准,纯棉透气,没褪色,不缩水。主要是价格不算贵。

8448位 妈妈推荐

韶华转瞬　宝宝8个月
做工用心,考虑到了安全性。安奈儿羽绒服也是选用最柔软的天然羽绒,不跑毛,且没异味。

古月萌萌　宝宝4岁7个月
安奈儿也是童装大牌了,衣服款式非常好看,也经常听到身边的宝妈推荐,质量很好。

暖暖家的庭庭
宝宝10个月

4 Goodbaby/好孩子

童装童鞋

科学剪裁　　面料柔软　　经久耐穿

青尤　宝宝11个月　　好孩子走正路，步步稳稳。棉鞋不伤脚，爱护从底起。

7461位
妈妈推荐

潮小汐　宝宝2岁9个月　　小孩穿了不会臭脚，也不磨脚，非常舒适。出去郊游都穿它，公园逛两圈都不累。

值得信赖的好牌子，质量没得说。鞋底柔软防滑，透气又暖和。

青青子衿
宝宝4岁9个月

5 Hello kitty

童装童鞋

丁丁
宝宝3岁半6个月

除了卡通设计好看，质量也很好。衣物没有荧光剂，不起球，不褪色，不过敏。

形象可爱　　用料环保　　品质做工

6451位
妈妈推荐

紫色槟榔　宝宝11个月　　质量很不错，物超所值的好物件。从材质到工艺到舒适度都很赞，卡通的猫猫好可爱。

A豆子　宝宝2岁2个月　　本人从小就喜欢这个小猫咪！给我女儿也买这个，萌萌哒，衣服又纯棉的很舒服。

6 BOBDOG/巴布豆

童装童鞋

材质亲肤　　剪裁合理　　安全设计

亚男　宝宝1岁2个月　　巴布豆的鞋子很不错，尤其是学步鞋，柔软非常。随处可见巴布豆品牌，相信品牌的力量。

5327位
妈妈推荐

如意芬　宝宝5岁6个月　　买过巴布豆的衣服、鞋子，款式都是针对宝宝设计的，穿脱很方便。性价比高也是一大优点。

产品价格易被大众接受，款式新颖，设计挺好看的，就连 logo 图案也可爱。

多多
宝宝4个月

7 DR.KONG/江博士
童鞋

科学设计

权威专业

个性化配垫

👍 **4316位** 妈妈推荐

无忧无虑　宝宝11个月　　江博士是宝宝最好的伙伴。它可以个性化配鞋垫，以适合不同脚型的宝宝。

8 Lucky Union/乐客友联
童装童鞋

简约风

安全环保

科学剪裁

👍 **3870位** 妈妈推荐

棋楦　宝宝4岁　　宝宝穿在脚上特别舒服。鞋子透气，不臭脚，在幼儿园参加跑跳活动不会累脚。

9 ABC KIDS
童装童鞋

轻便透气

防臭防滑

舒适软底

👍 **3715位** 妈妈推荐

斌心家　宝宝3岁2个月　　经济实惠，性价比高的鞋子品牌。质量杠杠的，我家都买十几双了，没有穿坏的，只有穿小的。

10 Disney/迪士尼
童装童鞋

国际品牌

形象丰富

面料舒适

👍 **3251位** 妈妈推荐

何处不相逢　宝宝2岁1个月　　款式丰富，男孩女孩都有的选择。穿着舒适，迪士尼的图案和装饰非常漂亮，让童话变成现实。

年度人气妈妈用品

从备孕开始，妈妈们就开始为自己准备各种用品，但市面上妈妈用品那么多，到底哪些才值得买呢？本届《妈妈口碑之选》，由万千妈妈真实票选出了这些人气好用品，妈妈们千万别错过啦！

年度人气单品10

万千妈妈诚意推荐的 妈妈洗护用品

1 Kaili/开丽

产妇专用卫生巾

`裤型设计` `棉柔亲肤` `吸收量大`

规格 XL3片

小宝沛沛
宝宝8个月

 10454位 妈妈推荐

宁翰麻麻 宝宝3个月
这个卫生巾超好用，整个月子全靠它了，而且还分尺码，不同阶段使用不同的尺码。

熙烁宝贝 宝宝5个月
不仅卫生，吸血量也大，长度够，不会漏，很好用。过了月子期，平时例假时还可以当夜用巾用噢！

经过 EO 消毒、
安全卫生、吸收性
好、舒适透气，性
价比也很高。

2 MOM FACE/亲润

孕妇专用豆乳洁面乳

 9915位 妈妈推荐

泡沫丰富　**温和洁净**　**水润保湿**

豆豆的妈妈 宝宝3个月
亲润孕妇专用豆乳洗护系列的产品，洗完舒服，皮肤没有过敏刺激反应。

颜萍 宝宝21天
亲肤不刺激，大豆提取安全放心。孕产妇的首选，肌肤水水嫩嫩，孕期也要美美哒!

温和，淡淡的清香，不刺激皮肤，洗后不紧绷，很适合孕妇使用。

修行宝妈
宝宝1岁11个月

规格 100g

3 Clarins/娇韵诗

抚纹身体霜

植物成分　**自然芬芳**　**淡纹修护**

淡淡的香味，质地清爽不油腻，祛妊娠纹效果棒棒的，孕期必备!

贝儿兜
宝宝10个月

规格 200ml

 8293位 妈妈推荐

小鹿 孕37周
用了整个孕期，肚子果然没有纹。别说我体质好，前期没有抹腿，腿就长纹了。

活活妈 宝宝4个月
抹上去以后特别清爽，一点也不油，味道也很好闻，强烈推荐给大家。

4 Baby elephant/红色小象
纯净保湿系列

`弱酸配方` `补水保湿` `深层滋润`

7372位
妈妈推荐

依依妈咪 宝宝6个月　红色小象用得挺好。不刺激不过敏，用完之后很保湿，值得妈妈们购买。

萌萌宝贝 宝宝2个月　怀孕时皮肤很差，用护肤品又担心对宝宝不好，这套产品很滋润，还很安全。

纯天然无添加，安全低敏，保湿效果好，用完皮肤滑滑的。

夏至未至
宝宝8个月

规格 套装

5 LA MER/海蓝之谜
精华面霜

`国际大品牌` `安全不刺激` `滋润保湿`

国际大牌，天然精华，安全放心，补水效果好，用过皮肤水润透亮。

规格 30ml

钬妈咪
宝宝1岁6个月

6337位
妈妈推荐

约瑟 宝宝6个月　一直在用，补水保湿效果都很好。从怀孕到生宝宝没有出现过长斑现象。

小子涵 宝宝3个月　湿润度高，好吸收，而且用了之后皮肤再也不干燥了，还有紧致皮肤的效果。

6 十月结晶
产褥期卫生巾

`透气性好` `吸收量大` `不会侧漏`

5938位
妈妈推荐

倾国倾城 宝宝1个月　坐月子全部都是买的十月结晶的，吸收好，干爽，大小码齐全，适合整个月子期间用。

核桃宝宝 宝宝1岁2个月　我是顺产侧切的，用这款卫生巾柔软透气，不用怕伤口化脓，而且不会漏，很好。

干爽透气，柔软亲肤，量大也不侧漏，好用不贵，月子必备。

风铃草
宝宝2岁1个月

规格 10片

7 Pigeon/贝亲
妈妈漱口液

清洁口腔
缓解牙龈不适
使用卫生方便

规格 300ml

 5313位 妈妈推荐

小壮辣妈 宝宝8个月　用这款贝亲漱口液漱完口后，嘴里会有一股清凉的味道，孕吐严重时不反胃，清洁效果也不错。

8 Scrianen/斯利安
孕妇洗护套装

添加叶酸
温和安全
无硅油配方

规格 套装

 **4762位** 妈妈推荐

小雪花麻麻 孕6个月　孕期一直都在用斯利安的产品。这套孕妇洗护产品味道淡淡的，牙膏还添加了叶酸，超喜欢。

9 子初
产褥期卫生巾

绵柔透气
锁水力强
加大尾翼

规格 L10片

 **4427位** 妈妈推荐

宏宝嘛嘛 宝宝2个月　子初这款卫生巾长短厚度刚刚好，够大够长，吸水量大，不怕漏，绵柔亲肤，用了很舒服。

10 Kangaroo Mommy/袋鼠妈妈
孕产橄榄油

天然纯净
滋润保温
温和不刺激

规格 150ml

 3644位 妈妈推荐

糯米虫 宝宝6个月　生娃最怕妊娠纹了，我早早就开始用袋鼠妈妈的橄榄油涂大肚皮，事实证明预防妊娠纹很有效！

年度人气单品 10

万千妈妈诚意推荐的 哺乳用品

1 PHILIPS AVENT/飞利浦新安怡

自然韵律科技双边电动吸乳器

模拟宝宝自然吮吸节奏　舒适吸乳　高效泌乳

 **13858位** 妈妈推荐

远霄宝贝 宝宝8个月
一款明星都在用的吸奶器,当然特别好用,吸乳快,速度可调节,吸起来没有疼的感觉。

无限的永恒 宝宝1岁1个月
按摩吸乳,双边同时工作,不用担心浪费母乳的问题。花瓣设计按摩乳房,很舒服。

型号 SCF303

使用方便,吸奶效果好,力度刚刚好,比较柔和,自然舒服。

清水伊人
宝宝1岁6个月

2 Pigeon/贝亲
防溢乳垫

柔软亲肤　　舒适贴合　　干爽透气

👍 **9524位** 妈妈推荐

马可依　宝宝4个月
防奶流，特别棒哦！整个白天都感觉清清爽爽的，又干净又卫生。

昱蒙妈妈　宝宝1岁9个月
贝亲的这款防溢乳垫透气性好，而且不渗透不起坨，用着不过敏，安全放心。

轻薄舒适，吸水性好，又贴合又透气，外出携带方便。

**艺轩宝贝
宝宝8个月**

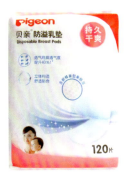

规格 120片

3 Medela/美德乐
丝韵翼双侧电动吸乳器

瑞士品质　　双侧模式　　吸力可调

操作简单，吸奶不费劲，省时省力，轻巧静音，容易清洁。

型号 3A-183WP12

我家汐汐爱臭美 宝宝11个月

 8538位 妈妈推荐

星空　宝宝1岁
之前买过一个吸奶器，但是吸的时候特别疼，这款美德乐吸奶器就不一样，很温和。

马卡龙的旧时光　宝宝10个月
网红吸奶器，轻柔吸奶，不伤乳头，个人觉得很好用，声音不会很大，吸力不错。

4 Tommee Tippee/汤美星

Express and Go 母乳喂哺一"袋"系统

`品类独创` `黄金母乳零流失` `四步归一新技术`

吸乳储存加热喂哺四合一，不浪费一滴母乳。大品牌，值得信赖！

7831位
妈妈推荐

捅落浅被遗忘 宝宝6个月 操作简单方便，档力也可以，一看就非常的上档次，确实很实用。

家有儿女 宝宝2岁10个月 存储鲜乳干净、方便、卫生，不需要转奶瓶，一"袋"系统很方便，哺乳妈妈必备品。

艺寒妈
宝宝8个月

型号 Express N Go 基础启始套装

---

5 NUK

舒柔干爽防溢乳垫

材质安全，舒柔干爽，吸收能力强，干净卫生，好用方便！

规格 60片

安宝妈咪
宝宝4岁10个月

`德国品质` `干爽透气` `立体造型`

7230位
妈妈推荐

佳佳妈妈 宝宝1岁7个月 很透气，不会捂着，能吸很多奶水，不会反渗，戴着干爽。

依依媽咪 宝宝6个月 每次我会漏好多奶，用NUK防溢乳垫真的不错，再也不担心漏奶的尴尬了，好用！

---

6 Kaili/开丽

母乳保鲜袋

`食品级材质` `双重封口` `温度提醒`

6585位
妈妈推荐

果果妈 宝宝9个月 这款保鲜袋，背奶很方便，储存好了拿出来热热就可以喝，非常人性化。

馨悦宝贝 宝宝11个月 材质安全，无异味，方便环保，用过会回购的好产品，值得选购！

双链条设计，密封性好，壶型口，方便卫生，性价比超高，携带也方便。

睿睿妞妞
宝宝1岁1个月

规格 30片/盒

7 十月结晶
贝壳型防溢乳垫

 快速吸收

棉柔干爽

专利贝壳造型

规格 30片

 5481位 妈妈推荐

浩oo怡妈妈　宝宝5个月　　这款防溢乳垫吸收好，不侧漏还透气，不会让人感觉胸闷。纯棉材质，用起来特别舒适。

8 XENBEA/新贝
电动吸奶器

 防逆流专利

5 档吸力

环保材质

型号 8615

5226位 妈妈推荐

小琛琛的妈咪　宝宝10个月　　正在使用，性价比很高，而且可以选择档位，力度柔和有效，不担心挤奶，也不会像手动吸奶器那样麻烦！

9 子初
防溢乳垫

欧美标准

干爽透气

天然材料

规格 100片

4727位 妈妈推荐

铭铭　宝宝7个月　　哺乳期一直在用子初系列产品，防溢乳垫吸收好，独立包装干净卫生，不易污染，而且携带方便。

10 LEYUN/乐孕
慄棉防吐奶哺乳枕

 立体 O 型

背带设计

柔软舒适

规格 均码

4394位 妈妈推荐

贝儿兜　宝宝8个月　　方便，舒适，解决了哺乳时各种不舒服。不用踮起脚尖，不用弯着腰，手也不酸了，关键是防宝宝吐奶，真不错。

哺乳用品

年度人气单品 10

万千妈妈诚意推荐的 穿着用品

1 Medela/美德乐

哺乐多经典款哺乳文胸（象牙白色）

整片式剪裁　透气清爽　单手开合

彦熙宝宝
宝宝4个月

 10343位 妈妈推荐

龙龙妈妈 宝宝5个月
无钢圈，不束缚，而且托胸和聚拢效果好，穿着很舒服，白色百搭夏日衣。

我家汪瑾瑜 宝宝10个月
造型好，材质佳，里料全棉的，透气性好，夏天也不会觉得闷气。三排扣设计，方便调节大小。

哺乐多内衣面料柔软，贴身舒适，易喂奶，不挡嘴，易更换防溢乳垫，久穿也不变形。

2 Purcotton/全棉时代
全棉纱布收腹带

柔软亲肤　　舒适贴合　　干爽透气

 9075位 妈妈推荐

小屁孩 宝宝1岁
全棉时代的收腹带很好用，用着刀口不痒，还可以防止内脏下垂，非常适合我。

硕宝贝 宝宝5个月
穿着效果特别好，一点也不勒得慌，面料是纯棉的，感觉虽然穿着它，肌肤还能呼吸！

贴身舒适，透气性强，且穿着无紧绷感，舒适度100分。

小葡萄
宝宝2个月

3 Kaili/开丽
产后多功能收腹带

收腰收盆骨　　弹性透气　　缓解腰痛

其腹部面料为100% 纯棉，自由调节，弹力舒适，健康束身。

琪琪妈妈
宝宝6个月

 7928位 妈妈推荐

宝贝妈咪 宝宝8个月
收腹效果很好，不紧绷，特别适合剖腹产的妈妈，使用起来很方便。

晨馨宝宝 宝宝1岁4个月
开丽的收腹带用着特别舒服，还可以帮助宝妈收缩盆骨，价格亲民，性价比很高哦。

4 Octmami/十月妈咪
前开扣哺乳文胸

缓解肩部压力　无钢圈　触感舒适

7339位
妈妈推荐

芒果麻麻　宝宝1岁6个月　纯棉的，我觉得穿上这款内衣很舒适，很有型，还可缓解我乳房涨奶期的下垂重力呢。

傲娇的小蜜　宝宝10个月　底部开扣，穿脱十分方便，而且它的无钢圈设计，让我穿着没有压迫感。

肩部的加宽设计让我倍感舒服，它还可防止乳房变形哦。

鹏家媳妇
宝宝1岁2个月

---

5 子初
孕产期一次性卫生内裤

质地柔软舒服，透气性一级棒，且双层护裆，可安心使用，性价比很高！

毛毛宝贝
宝宝4个月

棉柔面料　高弹腰筋　锁水性佳

5448位
妈妈推荐

小苹果　宝宝1岁1个月　规格多，又齐全，妈妈可以根据自身的尺码来选择，特别贴心。

最爱小橙子　宝宝3个月　子初的东西都相当不错呢。月子期间用起来感觉很好，吸收量超大，不用担心弄脏床单。

---

6 Lang sha/浪莎
防下垂哺乳文胸

防移位　防变形　聚拢防下垂

4202位
妈妈推荐

六月之花　宝宝1岁　浪莎算是老品牌了。这款文胸款式美观大方，面料柔软，我用了就没有乳房下垂了。

伊儿　宝宝6个月　浪莎防下垂哺乳文胸材质柔软，提拉效果也很好，哺乳很方便，很适合我。

单手解扣喂奶，吸汗，不容易变形，十分耐穿。

小君君
宝宝9个月

7 十月皇后
无钢圈哺乳文胸

可拆卸侧边
预防胸部变形
哺乳方便

 **3600位** 妈妈推荐

轩轩辕 宝宝7个月 这款文胸舒适无紧勒感，还能有效改善胸型，方便哺乳，强烈安利妈妈！

8 十月结晶
纯棉纱布收腹带

性价比高
绵柔透气
舒适不紧绷

 3498位 妈妈推荐

小辰辣妈 宝宝5个月 纯棉纱布，透气舒适，收腹性强且不勒人，身边不少朋友都用了。

9 Nanjiren/南极人
透气薄模杯哺乳文胸

防副乳
舒适无钢圈
减压宽肩带

 **2976位** 妈妈推荐

开心宝妈 宝宝5个月 内衣穿脱方便，薄款超透气，材质纯棉。乳期间我身体有点虚弱，用它节省了很多时间和力气。

10 慕倩
产后美体塑身三件套

舒适透气
无异味
经久耐用

 2655位 妈妈推荐

熙儿辣妈 宝宝8个月 材质安全放心，不易变形，它特别注意了细节部位的设计处理，十分耐用，我很喜欢！

年度人气海淘用品

　　"足不出户，购遍全球。"随着互联网的快速发展，越来越多的中国妈妈加入到海淘大军。那么，到底哪些海淘用品值得购买呢？本届《妈妈口碑之选》，由万千妈妈真实票选出了这些国外大牌母婴产品，准备海淘或正在海淘的妈妈们可别错过啦！

年度人气单品 10

万千妈妈诚意推荐的 海淘用品

1 Manhattan Toy/曼哈顿
可恩可尔牙胶手抓球

材质安全　**易于抓握**　**舒缓牙床**

 10276位 妈妈推荐

兜兜没糖 宝宝1岁4个月
设计非常有趣合理，宝宝小手好拿，牙咬也不怕伤害到牙齿，适合磨牙。

我家汪瑾瑜 宝宝10个月
曼哈顿球太适合出牙的宝宝了，颜色艳丽吸引宝宝，一般我给她这个她不会要别的玩具了。

适用年龄 0M+

一个玩具多种玩法，可以当宝宝牙胶，安全无毒，也可以当球玩耍，锻炼手腕协调能力。

米乐妈妈
宝宝5个月

2 Comotomo/可么多么

防胀气宽口硅胶奶瓶

9534位 妈妈推荐

小屁孩　宝宝1岁

宝宝断奶后，就选择可么多么的奶瓶，仿乳房造型，硅胶材质，贴近乳房，宝宝很容易接受的。

o尛粄魞　宝宝5个月

造型很简单，手感捏着很柔软，有防胀气功能，更适合新生儿，防止宝宝呛奶。

硅胶材质　**母乳实感**　**防胀气和漏奶**　**清洗便捷**

规格 250ml

防胀气、打嗝、不怕摔又耐用，柔软的瓶身十分好清洗，真的是个断奶神器。

岚岚妈咪
宝宝7个月

3 Cetaphil/丝塔芙

婴儿沐浴露

无泪配方　**温和低敏**　**沐浴洗发二合一**

规格 230ml

无刺激皮肤，无泪配方，不含防腐剂，很温和，味道清香，值得购买。

牛仔妈妈
宝宝1岁6个月

8212位 妈妈推荐

宝贝妈咪　宝宝2岁

宝贝用着皮肤不过敏，而且滑滑嫩嫩的，有淡淡的清香味。

知逸妈咪　宝宝2岁6个月

气味清新，无刺激性，我属于敏感性皮肤，我都能和女儿一起用！

4 KJC
婴儿长颈鹿牙胶

食品级硅胶　易抓握　按摩牙床

小动物的形状吸引宝宝注意力，啃咬安全，硅胶的材质柔软，耐高温，好消毒。

7417位
妈妈推荐

西瓜麻麻　宝宝1岁6个月　可爱的卡通造型，宝宝很喜欢，一手拿握，摩擦力强，对宝宝牙齿减到最小伤害，磨牙神器。

米可　宝宝10个月　食品级牙胶，柔软，舒服，适合即将长牙的宝宝，完美解决了宝宝长牙前牙床的不适！

雨涵姣儿
宝宝1岁2个月

适用年龄 3个月

5 jELLYCAT
害羞邦尼兔

质地柔软，亲肤材质，不掉毛。女儿天天抱着玩，很开心，是宝宝的好玩伴。

不掉毛不褪色　棉柔般亲肤材质　造型可爱

6934位
妈妈推荐

麻麻爱天天　宝宝2岁　样子萌的，质地柔软，宝贝女儿很喜欢，晚上睡觉都要抱着。

花卉之王　宝宝8岁　邦尼兔真的超级软超级舒服，对于戒奶期的宝宝会给他一种安全感和依赖感。

规格 31cm

颖渤俩宝贝
宝宝1岁半

6 VICKS息可舒
植物婴幼儿舒缓膏

百年品牌　安抚情绪　天然成分

植物成分，无伤害，实际使用效果好，值得信赖。

6067位
妈妈推荐

六月　宝宝4岁　草本清香，宝宝感冒鼻塞的时候，非常好用。不仅宝宝用，我们一家人都可以用的。

Semico伊尔　宝宝6个月　朋友推荐的，宝宝感冒哭闹的时候涂在前胸后背按摩，宝宝就舒服很多了。

小君君
宝宝5个月

规格 50g

7 Pigeon/贝亲
婴儿爽身露（桃叶精华）

- 液态爽身粉
- 舒缓修复
- 植物保湿

规格 200ml

 5275位 妈妈推荐

轩轩宝贝 宝宝2岁　一直信赖贝亲，用它滴在水里洗澡，皮肤滑滑的。涂在身上对热疹有一定的效果，味道也好闻。

8 Baby Ddrops
婴儿维生素 D_3 滴剂

- 天然原料
- 促进钙吸收
- 帮助骨骼发育

规格 2.5ml/90滴

 4338位 妈妈推荐

小壮辣妈 宝宝3岁　每次吃一滴，促进钙吸收，宝宝体格发育地特别好。大品牌，值得信赖。

9 童年时光
钙镁锌成长营养液

- 天然成分
- 高效吸收的钙
- 香橙口味

规格 474ml

3133位 妈妈推荐

高兴妈妈 宝宝2岁1个月　酸甜口味，宝宝易接受。能同时补充钙镁锌，坚持喝，吃饭胃口也好，对宝宝的骨骼发育有很大帮助。

10 muhi/无比滴
儿童防蚊止痒膏

- 舒缓止痒
- 清爽无毒
- 性质温和

规格 40ml

2823位 妈妈推荐

小鑫鑫 宝宝3岁4个月　无比滴儿童防蚊膏，无刺激，无副作用，使用方便，快速消肿止痒，我们全家夏天必备单品！

全品类 10

宝宝用品

万千妈妈诚意推荐的 宝宝用品

---

1 Huggies/好奇

铂金装倍柔亲肤纸尿裤

规格 L58片

倍柔亲肤　　海量吸收　　超强透气

 18722位 妈妈推荐

豆丁宝贝　宝宝1岁8个月

好奇铂金装真的很好用，柔软舒适，透气干爽，宝宝没有红屁屁，值得信赖。

2 Pampers/帮宝适

超薄干爽绿帮纸尿裤

12 小时干爽　　**超柔呵护**　　**超薄瞬吸**

 17776位 妈妈推荐

小橙子　宝宝1岁8个月

帮宝适纸尿裤超薄，吸收快，透气性好，两侧弹性大，不勒宝宝肚子。

规格 L164片

3 illuma®/启赋®

幼儿配方奶粉

接近母乳的配方　　**爱尔兰品质典范**　　**超高端品牌**

 17648位 妈妈推荐

雨梦　宝宝1岁

启赋接近母乳配方，满足宝宝的营养需求，喝了不上火、不便秘。

规格 900g

4 Nutrilon/诺优能
幼儿配方奶粉

荷兰进口　自然奶源　口味清淡

17039位
妈妈推荐

小锦儿 宝宝1岁8个月

100%荷兰原装进口，奶源纯天然，无污染，奶粉粉质细腻，口味清淡，吸收好。

规格 800g

规格 900g

5 Friso/美素佳儿
金装幼儿配方奶粉

荷兰奶源　天然营养　不上火

16974位
妈妈推荐

Baby彤彤 宝宝2岁3个月

荷兰原装进口，营养均衡，接近母乳，宝宝喝了不上火。

6 Aptamil/爱他美
幼儿配方奶粉

德国原装进口　亲源配方　口味好

16836位
妈妈推荐

星源宝贝 宝宝2岁4个月

爱他美德国进口，营养价值高，宝宝喝了不上火，身体棒。

规格 800g

7 伊可新
维生素 AD 滴剂

AD 同补
帮助长高长壮
增强抵抗力

规格 30粒/盒

 15880位 妈妈推荐

亮仔 宝宝2岁 宝宝补充维生素AD首选品牌。为中国宝宝量身定制，AD同补，促进钙吸收，增强抵抗力。从绿葫芦到粉葫芦，每天一粒，剂量准确安全，为宝宝健康成长保驾护航。

8 Heinz/亨氏
婴儿营养米粉

科学配方
易于冲调
易消化

规格 400g

 15143位 妈妈推荐

ashley婷 宝宝10个月 亨氏米粉真的很不错，粉质细腻易冲泡，口感好，好吸收，宝宝喜欢吃。

9 Pigeon/贝亲
婴儿自然实感宽口径玻璃奶瓶

材质安全
宽口径设计
防胀气

规格 240ml

 13770位 妈妈推荐

展翅 宝宝1岁3个月 接近母乳设计的奶嘴不用担心宝宝排斥，转奶没烦恼，防胀气效果很赞。

10 D-Cal/迪巧
小儿碳酸钙 D_3 颗粒升级版

含钙量高
淡奶口味
喂服方便

规格 20袋/盒

 13647位 妈妈推荐

西西 宝宝2岁 一直信赖迪巧，从包装到内颗粒都很精致细心，口味清淡，淡奶味宝宝很喜欢，易溶于水，很适合宝宝味蕾。

全品类 **10**
妈妈用品

万千妈妈诚意推荐的 妈妈用品

1 D-Cal/迪巧
维 D 钙咀嚼片

规格 120片/盒

含钙量高　不易便秘　服用方便

 16600位 妈妈推荐

心妍　宝宝9个月

孕期、产后补钙好帮手，产品安全、含钙量高、口感好，还不会引起便秘。整个孕期钙能量满满，没有腿抽筋便秘现象。

2 Scrianen/金斯利安
多维片

`经典品牌`　`科学配比`　`性价比高`

 14815位 妈妈推荐

琪琪　宝宝8个月

专为中国妈妈设计，可以补充多种维生素和矿物质，很好地预防宝宝出生缺陷，满足发育所需。

规格 30片/盒

3 PHILIPS AVENT/飞利浦新安怡
自然韵律科技双边电动吸乳器

`模拟宝宝自然吮吸节奏`　`舒适吸乳`　`高效泌乳`

 13858位 妈妈推荐

清水伊人　宝宝1岁6个月

使用方便，吸奶效果好，力度刚刚好，比较柔和，自然舒服。

4 朗迪®
碳酸钙 D₃ 颗粒

钙D黄金配比　水果味　不便秘

规格 30袋/盒

辰儿 宝宝1岁

含钙量高，维生素D_3含量充足，这样的钙D黄金配比可以使钙吸收达到最佳状态；这款钙添加了甘露醇可以预防便秘，让孕期肠道轻松无压力。

11512位
妈妈推荐

---

5 Kaili/开丽
产妇专用卫生巾

规格 XL3片

裤型设计　棉柔亲肤　吸收量大

小宝沛沛 宝宝8个月

开丽卫生巾经过EO消毒，安全卫生、吸收性好、舒适透气，性价比也很高。

10454位
妈妈推荐

---

6 Medela/美德乐
哺乐多经典款哺乳文胸（象牙白色）

整片式剪裁　透气清爽　单手开合

彦熙宝宝 宝宝4个月

哺乐多内衣面料柔软，贴身舒适，易喂奶，不挡嘴，易更换防溢乳垫，久穿也不变形。

10343位
妈妈推荐

7 MOM FACE/亲润
孕妇专用豆乳洁面乳

- 泡沫丰富
- 温和洁净
- 水润保湿

规格 100g

9915位 妈妈推荐

修行宝妈　宝宝1岁11个月　　亲润洁面乳温和、淡淡的清香，不刺激皮肤，洗后不紧绷，很适合孕妇使用。

8 Pigeon/贝亲
防溢乳垫

- 柔软亲肤
- 舒适贴合
- 干爽透气

规格 36片

9524位 妈妈推荐

艺轩宝贝　宝宝8个月　　贝亲防溢乳垫轻薄舒适，吸水性好，又贴合又透气，外出携带方便。

9 Purcotton/全棉时代
全棉纱布收腹带

- 纯棉材质
- 舒适透气
- 轻薄贴身

9075位 妈妈推荐

小葡萄　宝宝6个月　　全棉时代贴身舒适，透气性强，且穿着无紧绷感，舒适度100分。

10 Caltrate/钙尔奇®
碳酸钙 D_3 片

- 含钙量高
- 服用方便
- 吸收好

规格 60片/盒

8809位 妈妈推荐

可可妈　宝宝1岁　　钙尔奇是国际知名品牌，可以补充和促进钙吸收，孕期我一直吃，吸收好，不便秘。

专业推荐奖

由专家、资深母婴媒体人、专业母婴编辑，从不同维度力荐更多母婴好用品。

专业推荐 设计奖

产品设计更贴心，生活更舒心

Goodbaby/ 好孩子口袋车 POCKIT

 推荐理由

全球最小折叠婴儿车，便于携带，极致精妙的结构设计。只需两步就能将其折叠成一个小巧、轻盈的"手提包"。三段式靠背为脊椎提供科学支撑，透气柔软布套让乘坐变得更舒适。一秒折叠、自动搭扣。

OKBABY/Roady 折叠坐便器

 推荐理由

折叠式分体设计，安全卫生，方便携带，外出旅行时可以一路携带的移动坐便器。立体流线设计，贴合宝宝屁屁，让宝宝倍感舒适。多种靓丽色彩，让宝宝快乐如厕。

MUNCHKIN/ 满趣健® 360 度防漏洒魔术学饮杯

 推荐理由

美国牙医推荐的无喷嘴环形杯口设计，助力宝宝降低龋齿、龅牙和上下牙龈咬合等口腔问题。宝宝还可以从 360° 任意角度喝水。一抿就出水，不喝水时自动锁水密封，360° 摇晃都不漏洒。零件简单，便于清洁；小巧手柄，方便宝宝轻松掌握。

Hape 30 键电钢琴，优雅白

推荐理由

Hape 电钢琴，采用高级的烤漆工艺，仿古典钢琴的造型设计，美观大方。有着专业音质音准，助力宝宝音乐启蒙。30 键尺寸，拥有真实的钢琴弹奏手感，适合宝宝弹奏。内置形象乐谱，有助于宝宝学习弹奏、提升兴趣。

Huggies/ 好奇心钻装纸尿裤

 推荐理由

好奇心钻装纸尿裤采用 100% 弱酸内表层设计，更贴近宝宝肌肤天然 pH 值；0.012mm 极细纤维，柔然细腻，呵护肌肤健康，给宝宝极致亲肤呵护。3D 空气感压花表层，加快尿液的吸收，透气性更佳，避免红屁屁的出现。

专业推荐 科技奖

前沿科技与母婴产品的完美结合

Wyeth®/ 惠氏® BabyNes® 贝睿思™ 营养系统

 推荐理由

贝睿思智能冲调器帮助妈妈们解决冲夜奶的大难题，每一粒奶粉都是独立包装，隔离污染，干净卫生。标准剂量，科学准确。三挡精确控温，避免过凉或过烫。一键冲泡，方便快捷。

Philips Sonicare/ 飞利浦儿童电动牙刷

 推荐理由

通过蓝牙连接牙刷和移动终端，自带趣味互动 APP，"萌宠牙宝"帮助宝贝养成正确刷牙习惯，家长通过 APP 可以了解到宝宝的刷牙记录，追踪宝贝的牙齿健康状况。刷头震动更温和，温柔呵护宝宝的口腔健康。

心开始智能胎儿心跳聆听器

 推荐理由

全球第一款被动式"胎心仪",与常规多普勒式胎心仪不同,心开始智能胎儿心跳聆听器,安全无辐射,无需耦合剂,通过后台声音算法精准区隔胎心与母体杂音。形如迷你鼠标,重量仅有 170 克。随时随地聆听宝宝心跳,也能最大程度缓解孕期焦虑。

Aptamil/ 爱他美白金版幼儿配方奶粉

 推荐理由

突破性白金配方,添加天然来源乳脂,帮助宝宝对脂肪与钙的吸收。scGos/lcFos9:1 欧洲专利配比,促进有益菌群的生长,软化便便。科学含量的 DHA,帮助宝宝视力与脑部的发育。欧洲原装原罐进口,追溯系统一键查询,妈妈更安心。

ENFINITAS/ 美赞臣蓝臻婴幼儿配方奶粉

 推荐理由

初源营养组合(乳铁蛋白,MFGM 乳脂球膜,DHA),乳铁蛋白天生营养新成就,助宝宝建立强大的自身防御屏障;MFGM 乳脂球膜天生需求新突破,与 DHA 天生搭档,强强联手,助力成就敏捷大脑;DHA 含量新高度天生黄金标准,珍稀成分含量比普通配方高数十倍,贴近宝宝天生所需。

专业推荐 创新奖

优秀创意产品，让生活快乐又便捷

Tommee Tippee/ 汤美星 Express and Go 母乳喂哺一"袋"系统

 **推荐理由**

常规的储奶袋和奶瓶转存步骤，即使是再严格的消毒状况，也不能确保全程无污染。汤美星独创母乳喂哺一"袋"系统，吸乳、储存、加热和喂哺任一步骤无需转瓶，全程只需要一个储奶袋，保证了黄金母乳零流失。

---

mifold 简易便携式车用儿童安全座椅

 推荐理由

折叠起来仅有一本书大小的安全座椅，携带便捷，安装方便。采用强抗冲击材料与航空级铝合金，安全稳固。座椅表面为高密集纤维编物严密，舒适透气，方便清洁。三种档位可根据孩子体型自由调节，三点式卡扣设计改变防护受力点，主动契合孩子体型，带来更舒适的体验。

NUNA LEAF 婴儿摇椅

 推荐理由

设计灵感来源于树叶随着微风轻轻荡漾，E
型铝制支架和底座一体成型，无需发电力，
轻轻一摇便会自动摇摆，安全稳固。倾斜
27°角犹如妈妈的怀抱，三点式安全带时刻
保护宝宝的安全，让妈妈在做家务时也无需
分心照顾宝宝。

KINGKOIL KIDS/ 金可儿成长呵护系列 小天梦婴儿床垫

 推荐理由

针对婴幼儿研发的 Natural Support Technology
无压力承托技术，以及 BPSS 呵护型弹簧系统，让
宝宝在自然放松的"零压力"状态下入睡，呵护宝
宝脊柱发育，获得 ICA（国际脊骨神经科学会）全
球唯一床垫产品认证。

Kids Smart/ 佳思敏儿童液体钙 +VD 爆浆丸

 推荐理由

澳洲领先的儿童营养品牌佳思敏，创新补钙
方式。液体钙好吸收，草莓奶昔爆浆口感让
孩子抢着补钙。液体钙 +VD+ 磷，三重茁壮
组合成就了不起宝贝。

专业推荐 国货奖

国民好品牌，妈妈值得信赖

Giving/ 启初婴儿多效倍润面霜

 **推荐理由**

上海百年家化旗下产品，启初婴儿多效倍润面霜优选初生胚米精华，2 倍大米的小分子益肤成分，天然匹配婴幼儿肌肤，亲和营养易吸收，加倍滋润，强健肌肤自身屏障力。

三精葡萄糖酸钙口服溶液

 推荐理由

"蓝瓶的钙，好喝的钙"，三精葡萄糖酸钙口服溶液助力一代又一代中国宝宝健康成长，液态有机离子钙，成分安全、含量适中、吸收率高，其酸度与肠胃的吸收环境相吻合，温和无刺激，酸甜好口味，更易让宝宝接受。

Rikang/ 日康吉米婴儿浴盆

 推荐理由

日康始终遵循"安全、易用、时尚"的品牌理念，独特的蛋形曲面设计，让宝宝犹如置身妈妈怀抱般温暖舒适，坐卧两用更实用。人性化的产品功能设计也使得日康成为国内领先的母婴用品品牌。

Anerle/ 安儿乐极薄小轻芯婴儿纸尿裤

 推荐理由

恒安集团出品，国产中的一股小清新，不一样的薄，从芯开始，薄薄的就是小轻芯。仅有 0.1cm 的吸收芯，凝聚 160 道工序，吸收始终平整，超乎想象舒适体验。甩掉大包袱，PP 轻呼吸。

Happy Prince/ 太子乐挚悦幼儿配方奶粉

 推荐理由

专为中国宝宝设计，甄选国内高品质奶源。15 年用心呵护，参照母乳配方研制，将配方中 α- 乳清蛋白含量优化提升接近母乳水平，同时添加活性双歧杆菌，多种维生素，亚油酸，牛磺酸等多种营养元素，全方位给予宝宝营养呵护。

专业推荐 特色奖

与众不同的产品，让生活轻松又独具一格

Bellamy's Organic/ 贝拉米有机婴幼儿配方奶粉

 推荐理由

经过 NASAA 权威认证的有机奶粉，精选有机原料，不含激素与抗生素，无农药残留，不添加助溶剂，免除妈妈妈后顾之忧。更添加了益生元，宝宝消化吸收好，才是妈妈的放心之选。

尤妮佳 moony 裤型纸尿裤 S 号

 推荐理由

3D 立体结构的"魔法软便兜"可以轻松兜住突如其来的稀便；裤型纸尿裤的腰部贴合设计，相比普通腰贴型纸尿裤能够减轻一半的背部渗漏；腰部两侧更有方便揉成圆的魔术贴，可以防止换下纸尿裤后处理时的异味和渗漏。帮助妈妈们轻松解决软便尴尬，育儿生活更轻松！

Giving/ 启初婴儿舒缓云朵霜

 推荐理由

特含鸡蛋软膜，营造如母亲子宫羊水环境般的温柔呵护感，用初生宝宝肌肤所需的营养，提升宝宝肌肤抵御力，有效舒缓肌肤，让宝宝远离肌肤干燥引起的发红不适。云朵般柔软质地，专为中国新生、柔弱肌宝宝研制，亲和无刺激。

Culturelle/ 康萃乐儿童益生菌

 推荐理由

美国销量 NO.1 益生菌品牌康萃乐益生菌，独家含 100% 世界研究排名第一的优质菌种 LGG，受到美国儿科医生及药剂师联合首荐，菌株多次作为临床应用案例在国内儿科年会及微生态年会进行分享，并在益生菌品牌全球排行榜中连续保持 5 年上涨势头，成为呵护宝宝肠道健康的专业首选。

Nestle/ 雀巢超级能恩 3 幼儿配方奶粉

 推荐理由

特有小分子 OPTIPRO™ 蛋白，贴合宝宝营养需求，小分子蛋白温和易吸收；采用适度水解工艺，降低牛奶蛋白致敏成分；添加活性益生菌，助力宝宝构建防御力，三大保护，延续母爱。

专业推荐 潜力奖

新上市品质优异产品，值得一试

伊可新伊儿乐益生菌粉

 推荐理由

伊可新，妈妈的一颗心。达因伊可新以专业制药的技术和严格标准，为中国宝宝"量身定制"了市场上首款细分功效的益生菌粉系列。其中的"伊儿乐"全部菌株均精选自卫计委《可用于婴幼儿食品的菌种名单》，可安全有效调理宝宝肠道，全面解决婴幼儿腹泻、便秘、过敏、免疫力差等常见问题，新生儿也可放心服用。

Pampers/ 一级帮宝适拉拉裤

 推荐理由

日本明石工厂匠心研制，每一片拉拉裤都有独立编码可查询。严选羽毛般柔软材质，给宝宝柔软精心的呵护。360 度全方位透气，肌肤每时每刻自由呼吸。S 型曲线腰围贴合宝宝身体，好动宝宝也可以自如活动。一拉即穿，一撕即脱，妈妈更省心，宝宝更开心。

D-Cal / 迪巧小儿碳酸钙 D₃ 颗粒升级版

 推荐理由

全新升级的迪巧小儿碳酸钙颗粒，特别添加维生素 D_3 和维生素 K_2，D_3 促钙吸收，K_2 助钙成骨，淡奶口味不影响宝宝味蕾发育。FDA 标准生产，不含香精、色素、防腐剂。只需一小勺水即可冲调，喂服更方便。

伊利金领冠睿护幼儿配方奶粉

 推荐理由

全新上市的金领冠睿护幼儿配方奶粉，采用新西兰优质奶源，100% 原装进口。技术上采用了伊利母乳数据库十余年的研究成果，α+β 创新专利配方，优化营养配比，更添加乳铁蛋白，让蛋白质含量和比例更接近母乳。配方中含有的 DHA、ARA、胆碱，能帮助宝宝脑部、神经系统和视觉系统发育。

Baby elephant/ 红色小象诺绵婴儿纸尿裤

 推荐理由

2017 年新上市的红色小象诺绵纸尿裤突破传统设计，采用 3D 立体压花工艺及一体成型芯体，内含日本"住友"高分子锁水珠，可以迅速吸干尿液、稀便，持续干爽。L 型隔边符合人体工学原理，可有效阻挡尿液稀便侧漏渗和侧漏。柔软舒肤的质地配合可调节魔术贴，使裤裤与小屁屁舒适贴合，宝宝活动更自如。

爱奇艺·母婴

爱奇艺，中国高品质视频娱乐服务提供者。随着母婴市场消费升级加速，爱奇艺深耕垂直细分领域的生态布局，构建强大的内容矩阵，持续发力母婴频道，自制内容《了不起的孩子》《一起怀孕吧》《奇奇儿歌》《隔代育儿》等为母婴群体提供优质的视频娱乐体验。

丁香医生

丁香医生专注提供可信赖的医疗健康信息和服务。面对朋友圈里那些流毒甚广的错误育儿观念，丁香医生邀请了来自产科、儿科、妇科的一线临床医生为准妈妈和妈妈们答疑解惑。我们承诺，给最脆弱也是最强大的妈咪，你所想要了解的关于健康的一切。

孩子王

专业正品保证，千万妈妈的品质精选APP。全国5000名国家专业资质育儿顾问和200名医院主任级育儿专家，实时在线指导孕期及各类育儿成长需求，给妈妈们最贴心专业的呵护。更有抚触、催乳、理胎发、爬爬赛、生日会、童乐园等定制服务和互动活动。全国200家大型数字化门店支持在线逛门店下单。孩子王，让每个童年更美好！

途牛旅游

途牛旅游，让旅游更简单，让出行更方便！随时随地预定酒店、机票、火车票、景点门票、跟团游、周边游、自由行、自驾游、邮轮、公司旅游等，产品全面，价格透明。

凯叔讲故事

"凯叔讲故事"是一款集优质儿童内容及专业父母课程于一体的儿童教育类App。专注于儿童成长和父母育儿，以故事引导孩子的价值观，以课程开拓父母的教育观。界面清新有趣，内容丰富，成为家长和孩子口袋必备的童年App。搜索"凯叔讲故事"，与800万家庭一起，让孩子拥有幸福童年。

小小优酷

小小优酷专为0~10岁宝宝打造，内容精彩海量，动画活泼有趣，可供宝宝独自使用。我们针对宝宝的年龄性别推荐最适合的视频，涵盖幼教、英语、儿歌、故事等多种丰富内容，带领宝宝畅游卡通世界。所有视频高清流畅无广告，在享受愉悦的观看体验同时具备人性化设置，家长可以管理宝宝的观看时间，帮助宝宝培养良好生活习惯。

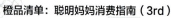

橙品清单：聪明妈妈消费指南（3rd）

编 委 会

编 著	育儿网
策 划	王婷雯 李婷婷
特约编辑	李梦寒 陈雅欣 赵琴 赵辰
编校复核	任 珍 蓝秋月
设 计	陆丽娟 吴晏君

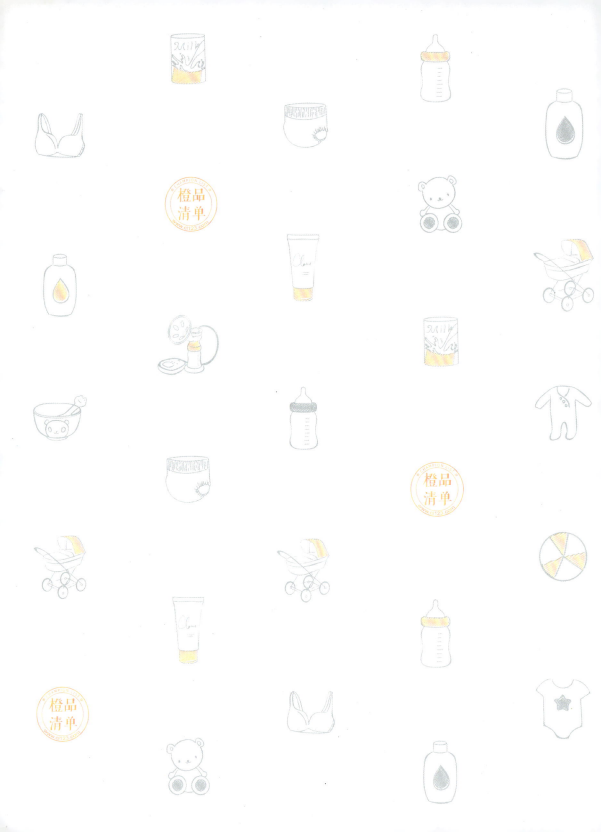